语用学简论

任崇芬　王淑怡 ● 主编

Pragmatics

西南师范大学出版社
国家一级出版社 全国百佳图书出版单位

图书在版编目(CIP)数据

语用学简论 / 任崇芬，王淑怡主编. — 重庆：西南师范大学出版社，2018.8(2020.9重印)
ISBN 978-7-5621-9564-1

Ⅰ．①语… Ⅱ．①任… ②王… Ⅲ．①语用学 Ⅳ.①H030

中国版本图书馆 CIP 数据核字(2018)第 183494 号

语用学简论
YUYONGXUE JIANLUN

任崇芬　王淑怡　主　编

责任编辑：李浩强　张燕妮
装帧设计：观止堂_未氓　朱璇
排　　版：王　兴
出版发行：西南师范大学出版社
　　　　　网址：www. xscbs. com
　　　　　地址：重庆市北碚区天生路2号
　　　　　邮编：400715
经　　销：全国新华书店
印　　刷：重庆荟文印务有限公司
幅面尺寸：145mm×210mm
印　　张：7
字　　数：159 千字
版　　次：2018 年 8 月　第 1 版
印　　次：2020 年 9 月　第 3 次印刷
书　　号：ISBN 978-7-5621-9564-1

定　　价：28.00 元

目录
CONTENTS

第一章
语用学概述

语言是我们所知的最硕大、最广博的艺术，是世世代代无意识地创造出来的、无名氏的作品，像山岳一样伟大。

——萨丕尔《语言论》

【章目要览】

语用学是 20 世纪中后期诞生的一门新学科。它的诞生得益于语言学家和哲学家们对 19 世纪以来的语言研究的反思。"概述"部分主要介绍语用学的产生、发展、性质、内容和研究方法,使学生对语用学这门学科的产生、发展、性质、研究内容和主要研究方法等知识有个初步的认识和了解。

【相关知识】

世界语言学的历史;关于语用学的比喻;"语用学"跟"语言学概论"课程的区别。

【情景案例】

今天惹祸了

办公室的鱼缸里养了几只透明的小虾,一位领导戴着眼镜看了半天,问旁边一位年轻人养的什么。年轻人说:"虾呀!"领导一愣,走了……年轻人也愣了,赶紧大声地解释:"虾呀领导!领导虾呀!领导真是虾呀!!是真虾呀!!!"

说明:在这段交际对白中,那位领导和这位年轻人之所以都"一愣",是因为"虾"与"瞎"同音,领导很可能以为年轻人的意思是:"(你眼睛)瞎呀!(不会自己看吗?)"当年轻人看领导"一愣"走了后,也立即意识到自己的回答有语音歧义失误,于是急着加以解释,可越解释越糟糕。糟糕的原因就是年轻人的话语始终没有消

3

的文章。文中详细介绍了不同语用学家的观点和
六个语言学流派对语用学的评论,讨论了语用学
的研究对象和方法,探讨了语用学同其他学科之
间的相互关系,指出了概括语用规则的困难,最后

胡壮麟

对语用学的发展前途提出了自己的预见。由此,"语用学"才开始
在国内学界迅速传播并普及开来。

二、语用学的来源

科学发展史表明,任何一种新的理论观点都不是凭空产生的,
而是为了解决现实中的问题才出现的。新的理论应该而且可以为
解决现实中的问题做出自己的贡献,同时又在解决问题的过程中
进一步充实发展自己的理论体系。这种渐进的过程是科学理论形
成发展的普遍规律。综观语用学的产生和发展,也正是为了解决
语言运用的实际问题而产生、发展的。谈语用学的产生,就要追溯
世界语言学所走过的路,即追溯世界语言学的发展历程,从中可以
看到语用学诞生的背景和其必然性。

世界语言学的历史,如果从 19 世纪初算起到今天,差不多就
是二百来年的历史。在这二百来年中,它大致经过了四个发展阶
段。即:

19 世纪初的历史比较语言学——以英国学
者威廉·琼斯(William Jones)、丹麦语言学家拉
斯克(Rasmus Kristian Rask)、德国语言学家格里
木(Grimm)和葆朴(Bopp)为代表,主要研究欧洲

威廉·琼斯

古代几种语言的同源关系;

20 世纪初的结构主义语言学——以瑞士语言学家索绪尔（Ferdinand de Saussure）、美国语言学家布龙菲尔德（Leonard Bloomfield）等为代表，主要研究静态的语言结构；

索绪尔

20 世纪 50 年代末的形式语言学（数理语言学）——以美国语言学家、数学家乔姆斯基（Noam Chomsky）为代表，主要用数学思想和方法来研究语言，给自然语言建立数学模型，从而使语言成为一种精确的、严格的概念，这样机器翻译也才有了可能；

乔姆斯基

20 世纪 70—80 年代的语义学——以英国语言学家杰弗里·利奇（Geoffrey N.Leech）为代表，主要研究意义的多元化和静态语义与动态语义的区分。

综上所述，从 19 世纪初开始的历史比较语言学到 20 世纪初的结构主义语言学，再到 20 世纪 50 年代末产生的形式语言学以及 20 世纪 70—80 年代的语义学，人类语言研究的发展经历了四个大阶段，走了一个半世纪的路程。在这 150 多年的语言研究中，语言学家们要么研究故纸堆里的语言，要么研究静态的语言结构，要么研究语言的形式……几乎都把语言的意义、语言的使用排除在研究之外。这样做的结果是：以往的语言理论难以用于言语交际之间的解释说明。换句话说，语言理论中只有解释语言自身结构的理论，没有解释语言运用、言语交际的理论。这对语言研究和语言学家来说，毕竟是一件憾事。

为了解决这个问题，20 世纪中后期，学者们陆陆续续开始研究语言的意义和意义的多元化，语义学迅速发展了起来。随着语义学研究的深入，越来越多的语言学家意识到了语境在意义研究中的重要性——因为对于被实际使用的语言来说,意义不是抽象的,而是和一定的语境紧密联系的,离开了使用语言的时间、地点、场合,离开了使用语言的人以及使用语言的目的等语境因素,就不能确定话语的具体意义。所以,研究意义也应当考虑研究语境中的意义,否则语言研究也是不全面的。于是,在语义的研究中,人们开始考虑语境因素。语境因素一旦进入了语义研究的范围,也就为语用研究开辟了道路。进而,语用研究迅速发展成为一门相对独立的学科。从这个"意义"与语境联系的研究上说,可以得出两点:第一,语境是语用学的生命;第二,语义学是语用学的母学科。

三、语用学的发展

(一)国外语用学的发展

谈语用学的发展,从莫里斯提出"语用学"术语开始,到今天大致可以划分为两个阶段:

第一阶段　1938年—1983年:"字纸篓""杂物箱"似的语用学

1938年,莫里斯提出了语用学,并为它划定了一个大致的范围,即"语用学是研究符号与符号的使用者之间的关系"。换句话说,语用学是研究语言跟语言的使用者——人之间的关系。语言跟人之间的关系可以是多方面的,可以是心理的、社会的、语言的、哲学的等等。莫里斯指的哪一方面?不清楚,又似乎都有联系。所以一开始,心理学家、社会学家、语言学家、哲学家都来研究语用学,语用学包罗万象。很快,学者们意识到了问题:到底什么是语用学?各家各派都站在自己的研究角度来阐释语用学,甚至语用学都没有一个统一的、大家都认可的定义。由于它太杂了,这种情形被瑞典语言学家沃尔伍德（Jens Allwood）比作了"字纸篓""杂物箱"①；然而它又的确十分重要，必须认真对待。学者们开始把语言学意义的语用学从"杂物箱"中分离出来，建立起一个狭义的语言学意义的语用学，让它不属于心理学，不属于社会学，也不属于哲学……改变语用学"杂"的时间一般认为是1983年。

第二阶段　1983年—今天：语言学意义的语用学

之所以说改变语用学"杂"的时间为1983年，是因为这一年出了两本优秀著作，一本是英国语言哲学家列文森（S.C.Levinson）的《语用学》②，另一本是英国语言学家杰弗里·利奇（Geoffrey N. Leech）的《语用学原则》③。尤其是列文森的《语用学》一书，是一本导读性的教科书，通俗易懂。一出来，就受到学界广泛好评，被公认为可以跟英语的系列教科书如音系学、句法学、语义学的标准课本媲美。此书的出版，"可以说是一个里程碑，标志着语用研究领域的框架已经形成。该书总结了以前十多年语用研究各个方面的成果，在此基础上归列出了语用研究的主要题目，勾画出该领域的轮廓。该书无疑是语用学研究的一部经典，具有不可低估的奠基意义"④。一门学科有了广受好评的标准教材，意味着这门学科的研究对象、研究范围、研究方法等都有了比较明确的框架轮廓。在这样的条件下，语用学作为语言学意义上的独立学科毋庸置疑了。

---

① 沃尔伍德（Jens Allwood），沈家煊.语用学概观[J].当代语言学，1985（1）：5－12.

② 列文森（S.C.Levinson）.语用学[M].伦敦：剑桥大学出版社，1983.

③ 杰弗里·利奇（Geoffrey N.Leech）.语用学原则[M].伦敦：Longman集团，1983.

④ 何兆熊.90年代看语用[J].外国语（上海外国语大学学报），1997（4）：1.

从 1983 年至今，又是 30 多年过去了，语用学就其广度而言，已经派生出了社会交际语用学、跨文化语用学、语际语用学、教学语用学、认知语用学、民族语用学等专门领域；就语用层面讲，语用学除了继续研究指示语、言语行为、语用原则（包括合作原则和礼貌原则等）、预设、会话结构、荷恩等级关系外，还开拓了语言活动类型、原型理论、语用模糊现象、语用策略等新课题；就深度而言，对语用原则的研究呈现扩展、深化的趋势，比如利奇的礼貌原则和其下的次准则就是对合作原则的修订，斯帕伯（Dan Sperber）和威尔逊（Deirdre Wilson）构想的关联理论力图提出更清楚、更有效、更一致的解释交际现象的语用原则，列文森的新格赖斯语用机制则是从会话双方去解释话语的一般含义，以拓展语用原则的运用范围；就其研究方法而言，也因为其研究内容的日益广阔而多元化起来。

（二）国内语用学发展

在我国，自胡壮麟先生把语用学作为一门学科全面系统地介绍给国内学界后，1988 年何自然先生编著的《语用学概论》和 1989 年何兆熊编著的《语用学概要》两书相继问世，极大地推动了语用学研究在我国的开展、普及和发展。之后几本重要的语用学著作，如王建华的《语用学在语文教学中的运用》(1996)、钱冠连的《汉语文化语用学》(1997)、陈宗明主编的《中国语用学思想》(1997)、索振羽的《语用学教程》(1999)、束定芳主编的《中国语用学研

何自然

王建华

究论文精选》(2001)陆续出版；进入 21 世纪以来，又有钱冠连的《语言：人类最后的家园》(2005)、俞东明主编的《什么是语用学》(2011)、徐默凡和刘大为的《汉语语用趣说》(2011)、夏中华的《语

用学的发展与现状》(2015)等著作相继问世。这
些著作都各有特点：或从哲学的角度，或简明扼
要、生动有趣，或高屋建瓴、综观全局。总之，有关
语用学的著作和论文无论从数量还是从质量上都
有了一个极大的飞跃。值得一提的是，中国语用
学研究会的首届学术会于 1989 年 11 月 27—30
日，在广州外国语学院隆重召开。语用学研究会
的定期召开，极大地推动了我国语用学的研究和

钱冠连

束定芳

发展。2017 年 8 月 16 日在北京师范大学召开的全国语用学研讨
会，已是第十五届。毋庸置疑，今天的语用学正在向着越来越成
熟、丰满、繁荣的方向发展。

四、什么是语用学

随着时间的推移和学者们对语用学研究的日益深入，语用学
的定义在不同时期的教材或著作里自然不同：由于研究的局限，早
期的教材或著作大多是引进、介绍和评介各家不同的定义，或者给
出一个语用学研究的范围。例如：

何自然、冉永平："根据以上几个定义可知，很难给语用学下
一个准确的、全面而且统一的定义，更不可能在一个定义中包括
语言结构的语境依赖因素、语言使用的原则以及语言结构非字
面意义的语用理解等问题，但这并非表明语用学就是一堆杂乱无
章的东西。相反，不同的定义正好说明了语用学研究内容的多种
多样。其实不同的定义代表了人们对语用问题的不同认识与研究

越来越多地从"思辨性"的阐释方法转向现代语言学的实证研究方法(前者是一种依靠研究者自身理性认识能力和直观经验,并在此基础上对概念、命题进行逻辑演绎推理以认识事物本质和特征的研究方法;后者是通过对研究对象做大量观察、试验和调查,获取客观材料,从个别到一般归纳出事物的本质属性和发展规律的研究方法)。例如:理论语言学使用了数理逻辑的方法,应用语言学使用的教育测量和统计的方法,心理语言学使用的心理测量的方法,社会语言学(包括文化语言学)使用的社会学的调查方法,计算语言学使用的计算机的方法,神经语言学使用的神经生理和解剖学的方法,等等,不一而足。就方法论本身而言,还有定量方法和定性方法。并且,一门学科的研究方法会随着学科的不断发展而相应更新,是动态的。所以,从方法论上讲,语言学工作者都面临着一个重新学习的挑战。

语用学也不例外。并且,语用学从产生到发展自始至终都跟很多语言交叉学科的发展密不可分,其研究方法自然也随之多样化。在语用学的诞生到发展的这不长的 30 多年里,根据其研究目的和对象的不同,其研究方法大致可以归纳为两类,即理论解释法和实证研究法。

(二)理论解释法和实证研究法

1.理论解释法

所谓"理论解释法",它属于理论语言学(与应用语言学相对)的研究方法,最初源于西方理论语言学。理论解释法也是一种思维方式,即研究者在个体理性认识能力和直观经验的基础上采用概念、判断、推理等形式对语用现象进行观察、比较、分析综合、抽象和概括。通俗地说,这是一种建立在证据和逻辑推理基础上的思维和表述方法。这种方法一般把理论分成两个类,一类叫作"描写理论",即描写客观语用事实。描写理论以描写概括语用事实的广度为最终目标,并对语用现象提供精细的分类描写。另一类叫作"解释性理论",解释语用事实的成因,回答什么原因使语用事实成为这个样子而不是那个样子。一种语用理论往往会同时具有描写性质和解释性质。不过,描写客观语用事实的理论即使有解释性的理论色彩,也还是描写性的理论;而解释事实成因的理论即使含有描写性的理论色彩也还属于解释性理论。本教材把描写性理论和解释性理论统称为理论解释法,不再细分。理论解释法,比如语用学教科书中关于语境的分类描写解释,奥斯汀对言语行为三分的描写解释,塞尔对言语行为类别的描写解释,格赖斯对会话合作原则以及会话含义的描写解释,利奇对礼貌原则的描写解释,等等。所以,现在一般论及语用学课程的方法都主要划归于描写语用学。描写语用学的方法主要是归纳法,从一系列的语言事实中概括归纳出一般的原理。同时,描写语用学具有经验性,描写人们来自经验的有关自然语言的应用原则,分析自然语言如何跟语境相联系,等等。理论解释法在阐释语用现象时除了大多以自然语句表述外,还用形式化的手段,比如图形、表格等来表述。理论解释法也会出现如主观偏见、过分追求本质而忽略多元性的不足。

2.实证研究法

所谓"实证研究法",即用实地考察数据或实际例证来支持其理论或观点的研究方法。其理论基础是西方哲学上的实证主义。实证主义崇尚科学结论的客观性和普遍性。这种方法是通过对研究对象进行观察、试验和调查获取客观材料数据,从个别到一般,归纳出事物的本质属性和发展规律。这种方法也包括两个方面。

一是"定性研究"，即对某种语用行为的性质做出回答的研究。这种研究在事先不提出任何问题或假设，是探索性的。其特点是强调"不干预性"，没有什么固定的设计模式，即对自然语境下的语用现象进行客观的描述，不带任何主观成分。定性研究为了收集数据常用观察、录音、问卷、访问、个案、在场记录等方法进行。这种方法在语用交际和语言教学中的使用已有所普及。二是"定量研究"，即对语言运用及其变化发展的量的属性做出回答的研究。与定性研究不同的是，它利用现存的数据或某种假设来作为考察的基础，就是说它要研究的问题是事先确定了的。其内又分为个案研究和群体研究。基本程序是：确定研究课题、选择总体（是个案还是群体还是别的类型）、确定收集数据的方法、收集数据和数据的组织分析。这种方法的特点是要采用控制和操纵的手段，根据假设专门设计研究方案，使某些要观察的行为在操纵控制的手段下更为集中地显示出来。

实证研究方法可以弥补理论解释法中主观片面的不足，可以客观地验证现存语用理论的问题。例如一般认为对格赖斯会话含义的理解依赖于语言的规约，耗时少而速度快；关联理论则认为对会话含义的理解需要在语境中推导，耗时多速度慢，而最终理解速度是快还是慢只能以实证研究加以验证。再如词频问题、语言教学问题、第二语言教学中的语言迁移问题、语言使用的信念问题（包括禁忌语的后果、对语言的态度、肯定与否定等）、各国多语制的形式问题等都需要用实证研究方法来解决。实证方法也有其不足的一面，比方调查材料未穷尽，论证结果多大程度上具有普遍性会受到质疑，方法设计不合理、材料选取不当也会导致结论不可靠等。

六、语用学的研究意义

纵观两百来年的语言学的发展历史,可以说,语言学家们认识到:研究语言,仅仅研究语言的结构、研究语言的自身系统是远远不够的,还必须研究交际中的语言、研究语言的运用。因此而诞生的语用学为语言研究开辟出了一片广阔的新天地。它从交际功能的角度研究语言,研究语言的表达和理解,并且寻找和确立使话语得以恰当表达和准确理解的基本原则和准则,为人们在不同语境中的话语表达和理解做出理论指导。此外,语用学的研究对修辞学、文学、外语教学都大有裨益;对不同语言之间的语用对比研究以及人工智能研究等都有明显的实用价值。

【思考练习一】

一、填空题

1.最先提出"语用学(Pragmatics)"这一术语的学者是____。

2.____是语用学的生命;____是语用学的母学科。

3.世界语言学的历史大致从____初算起,距今已有____多年。

4.作为一门学科,语用学走向成熟的一个重要标志是____和他撰写的____教科书。

5.索振羽先生的语用学定义包含了语言使用的三大要素,它们是话语主体、____和____。

二、判断题

1.《符号理论的基础》是一本研究哲学的书。

2.20世纪,哲学家们都纷纷转向,研究起了语言,美国哲学家查尔斯·莫里斯也写了一本《语用学》的书。

3.一种研究方法跟它的理论有着紧密的关系。

4.语用学是一门关于语言功能的理论课程。

5.跟语法规则的概括相比较,语用规则的概括更容易。

三、名词解释

1.语用学　　　2.理论研究法　　3.描写理论　　4.阐释理论

5.实证研究法　6.定性研究　　　7.定量研究

四、问答题

1.请阐释语用学的来源。

2.为什么语用学的产生很大程度得益于学者们对语义学的研究?

3.请用实证研究方法研究大学生语言表达中的问题。

4.请用实证研究方法研究大学生语言表达中的"然后"一词的运用状况。

【拓展延伸】

期刊

[1]胡壮麟.语用学[J].国外语言学.1980(3).1—10.

[2]沃尔伍德,沈家煊.语用学概观[J].当代语言学.1985(1):5—12.

专著

[1]何自然.语用学概论[M].长沙:湖南教育出版社,1988.

[2]钱冠连.汉语文化语用学[M].北京:清华大学出版社,1997.

[3]何兆熊.新编语用学概要[M].上海:上海外语教育出版社,2000.

[4]束定芳.中国语用学研究论文精选[C].上海:上海外语教育出版社,2001.

[5]徐默凡,刘大为.汉语语用趣说[M].广州:暨南大学出版社,2011.

[6]夏中华.语用学的发展与现状[M].北京:中国社会科学出版社,2015.

[7]桂诗春,宁春岩.语言学方法论[M].北京:外语教学与研究出版社,1997.

第二章

语境和意义

一个语词只有在语句的语境中才具有意义。

——弗雷格《算术基础》

【章目要览】

"语境"自1923年由著名的人类学家马林诺夫斯基首次提出以来,已经成为语言学研究中一个十分重要、不可或缺的概念;而"意义"的意义是什么? 什么是意义? 这个问题十分复杂,很难说清楚,但又是不可回避的。这部分,针对"语境"主要介绍语境的构成因素及其功能;针对"意义"主要介绍两个类别的意义,即"静态意义"和"动态意义"。使学生能对语境的构成因素、语境的功能和不同类别的意义有比较清楚的认识和了解。

【相关知识】

现代汉语课程里的意义知识(概念意义、色彩意义);修辞意义。

【情景案例】

我被保安按到了地上

到银行取款,车临时停路边上,为了怕交警罚就把朋友留下看车,跟他说有查车的过来了就告诉我一声。进银行几分钟,果然有交警来了,那个朋友风风火火闯进银行大声吼道:"大哥,警察来了,快走啊!"偌大一个大厅几十号人,顷刻间寂静无声,然后人潮像洪水一样涌出银行,接着我就被五六个保安按在了地上……真是冤! 不怕神一样的对手,就怕猪一样的队友!

说明:这则语用失误例在于"我"的那个朋友未根据具体语言

个术语,其内涵大致类同于我们今天所说的"语境"。他认为:"修辞以适应题旨情境为第一义,不应是仅仅语辞的修饰,更不应是离开情意的修饰。……凡是成功的修辞,必定能够适合内容复杂的题旨,内容复杂的情境,极尽语言文字的可能性。"[①]陈先生的理论

陈望道

得到了众多学者的肯定。20 世纪 60 年代以来,许多学者都对语境有过研究,尤其对语境因素有深入的研究。例如王德春、廖秋忠、王希杰、冯广艺等学者都对语境提出了自己的观点。王德春认为语境由客观要素和主观要素两大部分组成。客观要素又分为时间、地点、场合、对象等,主观要素分为使用语言的

王德春

人的身份、思想、性格、职业、修养、处境、心情等等。廖秋忠认为,语境包括上下文、交际双方的目的、交际双方对彼此的认识与假设、说话的现场知识、世界的知识、彼此的信仰、文化背景与社会行为模式的知识等。王希杰认为,语言环境是交际

廖秋忠

中的四个世界的统一,即由语言的世界、物理的世界、文化的世界和心理的世界所构成。冯广艺认为,虽然语境的构成要素相当庞杂,但并不意味着世界万物都是语境的构成要素。只有在实际交际

王希杰

中,跟具体语用行为密切联系、跟语用过程共始终、对语用活动有重要影响的条件和背景才是语

冯广艺

境因素。陈望道认为写记叙文的六要素(何时、何地、何人、何事、

---

① 陈望道.修辞学发凡[M].上海:上海人民出版社,1976:11.

何故、何如）就是构成语境的一般要素。进入 21 世纪以来，学界对语境的研究又上了一个新台阶。比如王建华的《现代汉语语境研究》、冯广艺的《汉语语境学教程》、张金梅的《汉语语言要素的语境研究》等著作都是既全面又系统的论著。

（二）语境因素

所谓语境因素是指语言环境里包含了哪些要素。从马林诺夫斯基提出语境到我国陈望道的"六何"，学界对语境的研究差不多近百年了，语境到底包含了哪些要素？由于研究的角度不同，或者归纳的层次不同，得出的结果也不尽相同。但总归是大同小异。下面我们用一个图表来展示一般语境所包含的构成因素：

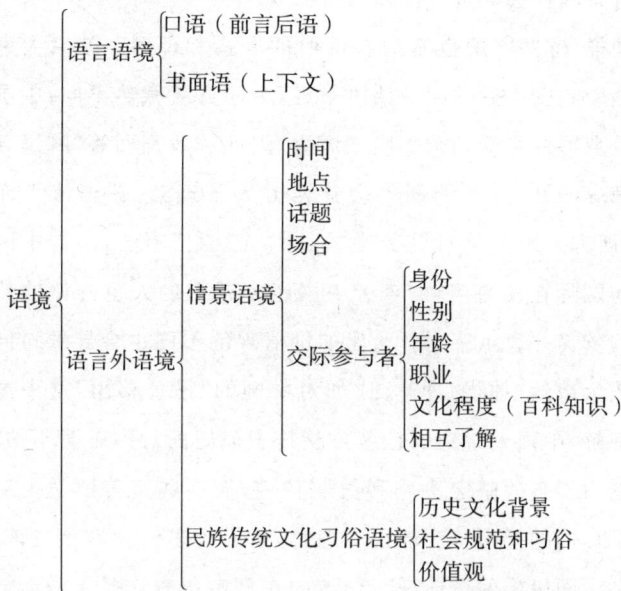

语境
- 语言语境
  - 口语（前言后语）
  - 书面语（上下文）
- 语言外语境
  - 情景语境
    - 时间
    - 地点
    - 话题
    - 场合
    - 交际参与者
      - 身份
      - 性别
      - 年龄
      - 职业
      - 文化程度（百科知识）
      - 相互了解
  - 民族传统文化习俗语境
    - 历史文化背景
    - 社会规范和习俗
    - 价值观

这个图表中，语境因素分为两个大类：一是语言本身构成的语境，也叫"语言语境"；二是由非语言因素构成但又跟语言交际密切相关的语境,又叫"语言外语境"。"语言语境"又分为口语的前言后语和书面语的上下文两类;"语言外语境"从具体可感和复杂的程度又可分为两类:一是"情景语境",二是"民族传统文化习俗语境"。关于情景语境,是指一个言语行为发生的具体时空环境。其范围大小是交际双方当时的感知能力所能达到的最大限度,具有现场性,有的也叫"现场语境"。现场语境中还包括话题、交际参与者(包括交际双方的身份、性别、年龄、职业、文化程度、各自拥有的百科全书式的知识、相互了解)等等,这些既可直观也可大致揣测,尤其是"相互了解",对对方了解得越多越深,交际往往越顺畅。关于"民族传统文化习俗语境",从分类可见,指的是不同民族的历史文化背景和社会规范习俗以及价值观。

　　同样,这些因素也制约着话语的表达和理解。就拿大家熟知的一个受到赞美后的回应话语来说,中西方就截然不同:中国人的文化教育习俗是受到赞美应该谦虚,因此一般都回答"哪里,哪里"等表谦虚的话,这类的回答会让西方人不理解,甚至认为你不领情;而西方人则是笑对赞美说"谢谢!谢谢!"当然,随着中国改革开放与国际礼仪的接轨,今天中国越来越多的人也开始欣然接受对方的赞美并表示感谢。又比如价值观的不同也会导致对同一个事物产生截然不同的理解,比如对中国的"愚公移山"这个寓言故事的理解,中国人看到的是愚公及其子孙们面对困难而不怕、持之以恒挖山不止的坚定决心和勇敢精神;而一些英美留学生对愚公及其子孙们的挖山行为却很不理解,他们大多认为愚公应该搬家。这就是不同民族的价值观所导致的在理解语言作品上的差异。以上两大类语境,王希杰先生把它们分别称为"小语境"(上下文或前言后语语境)、"中语境"(情景语境)、"大语境"(民族传统文化习俗语境），名称各异，实质相同。

（三）语境功能

语境功能就是指语境的作用。关于语境功能的多少，学界有不同的说法，有的少有的多。比如，金定元认为语境有两大功能，即解释功能和过滤功能。王建华认为语境有六大功能，分为三组，两两相对，即限定功能（限定是就语言单位的选择而言，限定的目的是为了协调）与协调功能（指交际对象的声音、用词和句式都受语境协调），省略功能与补充功能（省略与补充是一件事的两面：有语境，说话人可以省略；同样，有语境，听话人对说话人省略的话语可以自行补充），制约功能与创造功能（前者是指语言单位搭配方面的，跟"创造"相对，一方面语境制约词义，使词义单一化，使语言运用合理化；另一方面，语境又有创造的一面，它可以创造言外之意，使语言的超常搭配合理化，使语言的异常使用正常化）。周明强认为语境有十个功能，分别归属于五个方面，也两两相对：从语言表现的一般意义的特点看，有生成与解释功能（前者指词语、句子等意义可在语境中显现出来的功能，后者指语境帮助听话人正确理解话语的功能）；从语言表现的深层意义的特点看，有暗示与引导功能（前者指暗示言外之意的功能，后者指语境对言语的解释起一定引导作用的功能，如服务员的"你要不要饭"会从社会心理和文化传统方面引导顾客感受到侮辱）；从语言表现多重意义的特点看，有创造与过滤功能（前者专指语境能生成多义和歧义的功能，后者指听话人听到多义和歧义话语后要进行筛选的功能）；从语言与语用主体相关性的特点看，有协调与转化功能（前者指语境能对话语的表达起协调作用，就是话语要适合语境诸多因素；后者指语境能对话语所表达的意义起到转化作用，主要表现在语篇方面);从语言使用的精简与表义的非对称的特点看,有省略与补充功能(前者可指说话人为使话语简练而根据上下文或情景语境省略话语的功能,后者指听话人根据语境将说话人省略的信息自觉补充出来的功能)。①

这里重点介绍两个类别和两个层次的语境功能。如图:

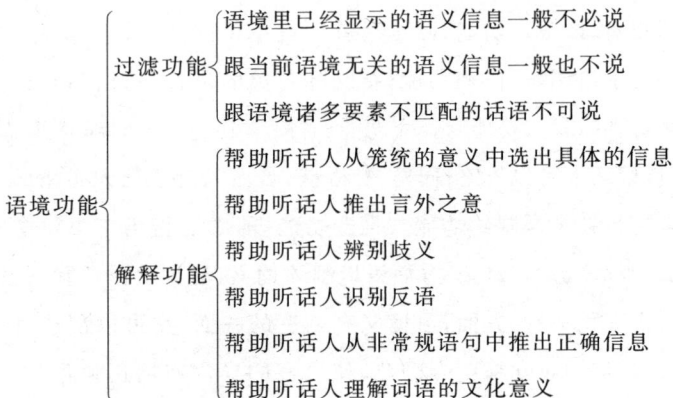

```
                    ┌─ 语境里已经显示的语义信息一般不必说
              过滤功能─ 跟当前语境无关的语义信息一般也不说
              │     └─ 跟语境诸多要素不匹配的话语不可说
              │
语境功能 ─────┤     ┌─ 帮助听话人从笼统的意义中选出具体的信息
              │     │  帮助听话人推出言外之意
              │     │  帮助听话人辨别歧义
              解释功能─ 帮助听话人识别反语
                    │  帮助听话人从非常规语句中推出正确信息
                    └─ 帮助听话人理解词语的文化意义
```

1.语境的过滤功能

从交际双方来看,语境的功能不外乎涉及说话人和听话人,因此语境的功能就可以根据说听双方分为两个方面,即帮助说话人的过滤功能和帮助听话人的解释功能。

所谓过滤功能,指的是说话人要根据语境里的诸多要素来说话,所说的话要适合语境里的诸多因素,凡不适合的就应该过滤掉。具体说,要适合时间、地点、场合,适合听话人的身份、年龄、性别、文化程度等等;并且在满足这些合适条件的同时又要把自己的说话意图贯彻于其中,毕竟作为话语的表达者,自己思想情感的准确表达是交际的一个重要方面。如果一番话语在上述两个方面都

---

① 周明强.关于语境的功能[J].内蒙古师范大学学报,2003(6):89—93.

很合适,既圆满表达了自己的话语意图,又对语境的每项因素都很合适,这样的话语就是得体的。反之,只要有一个方面或一项不合适,话语都算不上得体,甚至是言语失误。言语失误轻者影响别人理解或被人耻笑,重者会造成政治或经济损失。王希杰先生在他的《修辞学通论》中讲了一个例子就属于话语严重失误:

1991年2月3日,一架美国联合航空公司的客机正在太平洋上空作夜间飞行,一个日本旅客向从身边走过的空中小姐手中的托盘放了一只袋子,说:"It's a bomb.B—O—M—B!"机长命令空姐将其作为危险物处理。那人才急得满头大汗地说:"那是joke,是开玩笑。"机长决定向羽天机场返航,公司要求这个日本人赔偿6000万日元。该公司的一个负责人事后说:"如果在一座电影院里有人胡乱大嚷起火了,能说他是开玩笑就草草了事吗?作为一个职业飞行员,只要不能断定那纯属谎言,返航是理所当然的决策。"

这当然是一个比较极端的说话例子。说话要讲究得体和良好的交际效果,这个得体和良好的交际效果一般要以听读者为基点来评判,当一个话语被说写者清楚得体地表达了出来,还必须被听读者完全正确理解,这样的话语才能取得良好的表达效果,才是得体的。

语境的过滤功能主要表现在下面三个方面:

(1)语境里已经显示的语义信息一般不必说

比如说,在语用学课堂上这个语境里,一般就不会有学生甲对学生乙说:我们在上语用学课。如果说了,要么是对新来的不知情的学生所说,要么就是废话。这也是人们交际的常识。

(2)跟当前语境无关的语义信息一般也不说

另一个交际常识就是人们一般不会说跟当前语境不相干的话

语,尤其是在正式场合。否则会让该语境中的听话人莫名其妙。比如说当你在学校正跟老师讨论撰写论文的选题时,你突然来一句"我二姑父今天中午要吃火锅",那你的老师就会盯着你想这学生怎么了。

(3)跟语境诸多要素不匹配的话语不可说

所谓不匹配,就是不合适,即想要说的话跟当时语境的诸多因素不合适,那么这样的话语就不能出口。这是过滤功能中最重要的一条原则。反过来说,语境的过滤功能要求说话人要根据语境因素选择合适的话语进行表达。民间有不少关于这方面的经验之谈,比如:"到哪个山坡唱哪个歌""看菜吃饭,量体裁衣"……都是指说话要看对象、看场合,要把那些跟当前语境不相适应的话语全都过滤掉,挑那些最适合的话语说,否则就是语用失误。语用失误在人们的生活中并不少见。例如:

电视连续剧《潜伏》第11集,国民党军统局天津站行动队队长马奎中了我党人员的反间计被自己人逮捕后遭用刑,其太太来到机要室主任余则成(打入军统内部的中共地下党成员)的办公室请求看在同事的情分上去帮忙向站长吴敬中求个情,她跟余则成以及余则成的"夫人"翠平有一段对话:

马太太(在余则成办公室,余则成推门进来):"余主任,你跟站长求个情吧,别用刑了,老马他身体不好,直接送重庆吧,该怎么处置,听天由命了。"

翠平:"要不,你就帮着说句话吧。"

余则成:"不是我不帮啊,我是帮不上。马太太不知道吧,已经查明,老马是老资格的共产党。"

翠平:"真的呀,老马也是共产党!"

余则成："什么叫'也是'啊?! 你别在这儿胡乱搅和行吗?"

这段对话中,王翠平显然说错话了,虽然这只是她一时的大意。她话语中的那个"也"字就是对当时的环境极其不合适的词:因为它预设了还有人是共产党,而且她是知道的。作为埋伏于敌人心脏内的中共地下党员,这样的语用失误无疑是非常危险的,所以当即遭到余则成的呵斥批评。再如:

在作家唐七创作的小说《岁月是朵两生花》中,当单亲妈妈颜宋的8岁儿子颜朗得了急性阑尾炎,打出租车去医院遇上出租车爆胎,停在偏僻路边,黑灯瞎火中颜宋脱掉高跟鞋只穿棉袜背着颜朗拦车求救时,遇上了母子俩在杂志和电视上见过的青年名人秦漠,秦漠义伸援手,停下车来抱起了颜朗说:

"发烧了,这孩子病了吗?"

颜宋从震惊中回过神来,急道:"是啊,是啊,阑尾爆胎了。"

秦漠:"什么?"

颜宋愣了会儿,忙摆手道:"不是不是,我是想说这孩子阑尾发炎了,还想说秦老师您的车如果没爆胎能不能救个死扶个伤,先把我们娘俩送去医院一趟。一紧张就说错话了。"

（唐七《岁月是朵两生花》第三章,第23页,有改动）

后在医院里,当秦漠拎着一双运动鞋让颜宋穿上（医院不允许不穿鞋到处走）时,颜宋拒绝说:

"秦老师,这鞋子您还是留着送您女朋友吧,我待会儿出去随便买双布鞋就成。"

秦漠皱了皱眉道:"别任性。"

颜宋:"啊?"

秦漠（愣了会儿收起鞋子淡淡地）："对不起,颜小姐你长得很像我一位故人，不知不觉把你当成她了。"

（唐七《岁月是朵两生花》第三章，第 28 页，有改动）

这里有两段话，先是颜宋为青年名人能这样平易救人而震惊，惊得神经短路说错话："阑尾"跟"爆胎"是不搭配的，以致语境中的听话人秦漠也听不懂了。而后，在医院秦漠为让颜宋穿鞋的一句"别任性"也是语用失误，因为这句话一般是用于相互熟知、彼此很了解的朋友、家人、恋人之间的，可颜宋与秦漠两人是刚刚才认识一会儿，几乎等于陌生人，就说人家"任性"，并要求"别任性"，在这样的语境因素中，自然是很不合适、很不礼貌。颜宋的反应也印证了这一点，因感觉突兀不解，情不自禁"啊？"了一声，秦漠回过神来也才会道歉并加以解释。

2.语境的解释功能

所谓解释功能，指的是语境可以帮助听话人理解话语。具体说，解释功能一般体现在以下几个方面：

(1)帮助听话人从笼统的意义中选出具体的信息

有的词语在未进入语境时其意义是抽象的、笼统的，但是当它们进入一定的上下文或某一特定情景语境中时，其意义一下就具体了。例如，当某人说："他不是校长，他才是校长；他是主任，他是秘书。"这句话里的"他"离开了真实的情景语境，就很抽象，很笼统，弄不清楚谁是校长，谁是主任，谁是秘书。但是当这句话处于一间会议室的特定场景中，介绍人指着一个个对象给客人介绍时，这几个"他"，哪个"他"是校长，哪个"他"是主任，哪个"他"是秘书，就清清楚楚了。再如，孤零零的一个"球"，我们不知道到底是什么球，篮球、排球、足球、羽毛球，还是乒乓球？很抽象、很笼统；但是当我们在"球"的前面加进上文时，比如扣球、顶球、削球，这些"球"

分别在其上文"扣""顶""削"的限制下,依次指排球、足球和乒乓球,这个"球"的意义立即就具体了。这种情况也叫作语境帮助听话人选择了词义。

(2)帮助听话人推出言外之意

有的话语,说话人表达的真正意思并不在字面上,而是在字面之外。这种字面之外的意义叫作"言外之意"。如果没有语境,我们只能从字面去理解某句话的意思,但是当有了语境,情形就大不一样了。例如:在电视剧《大法官》中有位叫方正的房地产开发商,大学时学的哲学,获得了硕士学位,是个有妇之夫,但与妻子感情不好,于是起诉离婚。在等待法院判决的这段时间中,他跟法院一位同是研究生毕业的女法官林子涵走得很近,有意跟林发展关系,并且非常主动殷勤。但林得知方的婚姻状况后,在对对方的态度上就开始显得公事公办,很理性。一天傍晚时分,华灯初放,方经过法院大楼望见林的办公室还亮着灯,于是赶紧买了盒饭给林送去,没交谈几句就叮嘱林趁热吃饭,然后自己离开了林的办公室。林在方走后打开盒饭,饭菜色香味俱全,林闻了闻若有所思地放下盒饭给方打起了电话并叫他等等,于是林饭也没吃急匆匆下楼跑到方的跟前,两人有如下对话:

方(看着急匆匆地跑到跟前的林微笑着)

林(不解地):你笑什么?

方(仍笑眯眯地看着林):我可能要得到法律援助了。

(电视剧《大法官》第3集)

方正这句话我们有理由认为是个双关话,除开字面意义,其言外之意有两层:一是向林子涵表达他当时的愉快心情;二是表达他之所以愉快的原因,即林子涵一直以来对他公事公办、冷冰冰的态度在他的不懈努力之下有所转变了……比起直白的意思,方的话表达得含蓄、委婉,很艺术。它结合了合适的地点:两人都在法院大楼前,又恰到好处地结合了林的法官身份,用了"法律援助"这个专业词,话语很适合方正和林子涵两人的身份、学识。如果直接说成诸如"你总算对我态度有所转变了"这样的话,就如同白开水,既无趣味,还俗。由于有语境,观众看电视,通过前面情景语境的铺垫,到这里对方正这句话的理解水到渠成,自然而然,毫不费力。这就是情景语境的解释功能。如果没有前面语境的铺垫,孤零零的这句话,那么你只能从字面去理解,怎么也不会想到它其实是一句关于情感表达的双关话。再如:

作家于济川在小说《夸妻》里对 20 世纪 50 年代,"我"与做列车员工作的妻子在火车上的相识有一段描写:

我回过头。"上哪儿去?"纯北京口音。"这是你们的专用座,我上那边去站着。""我撵你了吗?还不坐下。"我的身子顺从地被她的话揪在座席上,甚至连个"谢谢"都没想起来说。"你为什么要走?"她开始审我。"我不想等着你撵。""哼,军人也会撒谎!"她小嘴撇了一下,半责半嗔地勾了我一眼。

这段叙述中,末句的"勾"这个词,在《新华字典》《现代汉语词典》《古代汉语常用字字典》等工具书里都没有"看"的意思,可是,在上面这个特定的上下文语境里,尤其有下文的"一眼"做注释,它就是"看"的意思,并且还是带有某种情态的看。这就是"勾"这个词在这个语境中临时生出的字外意义。这种临时生出的字外意义要根据语境具体分析才能获得。

(3)帮助听话人辨别歧义

人们每天处于各种各样语境中的交际一般是没有歧义的,因为语境会消解歧义。但是这并不排除人们故意制造歧义（修辞上叫作"双关"），来达到某种特定的目的与意图。比如，有些记者撰写文章常常在标题上做花样（故意制造歧义标题），以吸引读者注意。例如，当我们在报纸上看到一条标题"狗美容师"的时候，我们会对这条标题产生好奇：这是什么意思？"狗的美容师"（为宠物狗美容的新型职业者）还是"狗一样的美容师"（骂人的话）？要对这两种意义做判断，就需要买报纸来读，原来是一篇介绍"新型职业——狗美容师"的文章，标题的歧义在文章语境中被限定了。再如：报纸上的另一个文章标题"还我美丽的导弹"，这也是一个歧义标题。其既可以被理解为"有一种'导弹'，能给人美丽"，又可以被理解为"说话人要求某人还给他（她）一个东西，这个东西叫作'美丽的导弹'"。读报纸文章，原来是介绍一种新型的激光美容术，作者把它比喻为了"导弹"。这两例短语的歧义消除都要依靠报纸上的那篇文章，文章就是语境。所以，语境能帮助听话人或读者消除歧义。

（4）帮助听话人识别反语

"反语"又叫"反话"，指的是故意说的跟本意相反的话。对反话的理解必须要有语境的帮忙解释。这个帮忙的语境或者是上下文，或者是情景语境。例如，当我们在情景语境中听到某人咬牙切齿地对另一人说："你可真是我的好朋友！"我们马上就能理解这句话其实是个反话，它并非赞美对方，而是在指责批评对方不是他（或她）的好朋友。之所以能准确判断反话，就是因为有真实的情景语境，可以看到说话人的面部表情、听到其言语的具体声音，否则单凭孤零零一句话，那可能真会被理解为是句赞美某人的话。

再如《潜伏》第 6 集中：因国共合作成立军调处，国共双方代表见面,天津站为欢迎共产党代表筹备了一个欢迎会。站长吴敬中要求下属将太太们都打扮一新带去参加欢迎会。说是蒋介石倡导的新生活,也让共产党看看城市里的新女性。明确要求马奎回家让其太太带余则成太太翠平去烫头:

吴敬中:"……马奎啊!"

马奎:"在。"

吴敬中:"让你家太太带上余太太去烫个发,波浪形的。"

马奎:"是。"

余则成:"还要烫发?"

吴敬中(笑着):"哎。"

余则成(苦着脸摇头)

吴敬中:"进步嘛。"

余则成:"烫了也不进步。"

(军调会现场的大礼堂,人来人往,余则成携翠平走进礼堂)

翠平:"这么亮!"

余则成:"你的这个头发,还有这身衣服是不是那个马太太给你选的?"

翠平(笑着):"啊,好看吧?"

余则成(将翠平上下打量一番没说话)

翠平(又推了一下余):"好不好看?"

余则成(带着几分苦笑无奈地点头):"太好看了!"

这里余则成的"太好看了"在前面情景语境的辉映下就是一句反话,意即"太不好看了,太难看了",起码是余则成不欣赏的。虽然翠平没有理解,但是毫无疑问,观众对余则成这句反话的理解是到位的,因为观众有前面语境的铺垫。

(5)帮助听话人从非常规语句中推出正确信息

这是指在语境的帮助下,人们的话语可以尽可能地简省。因为有语境,简省了的话语尽管从表面上看不合常规,但不会产生误会。信息照样会完备无误地被听话人理解。比方当甲问乙:"你什么时候回家?"乙答:"明天。"这里乙的一个"明天"之所以能被理解,就是因为有上文语境。上文语境帮忙补出了那些缺失的信息。再如:某高校文学院的学生们一次参加生物系的种植劳动,收工时,组长对着田埂上的扁担、锄头和粪桶等工具问同学们都是谁领来的,各自负责还回生产科去。于是有同学开玩笑地说:"我是扁担,某某是锄头,某某是粪桶……我们负责还回去。"顿时引来一片哄笑声。之所以同学们会笑,是因为大家故意从字面结构去把这话当作暗喻的判断句;其实这位同学的玩笑答话并非比喻,而是省略句,即"我领来的工具是扁担,某同学领来的工具是锄头……"。虽然大家故意那样去领会,但是被说是锄头等的同学一点也没见怪,这就是情景语境在起作用。

(6)帮助听话人理解词语的文化意义

这是指有的词语意义凝聚了使用该语言的民族的传统文化习俗。要理解这类词语就必须对使用该语言的民族的传统文化习俗有所了解或比较熟悉。"传统文化习俗"是语境的一大要素,即马林诺夫斯基的"文化语境"。文化语境深深地扎根于各民族人民的思想观念中,影响着人们在交际中的表达与理解。比如在某一对外汉语教材中有这么一段对话,如果是刚学汉语不久的外国学生,即使借助字典也很难理解其全部意思。例如:

甲:听说你要请我们吃喜糖,是吗?

乙:哪里,哪里,八字还没一撇呢!

甲:我来当红娘怎么样?

乙:好哇,如果你真做了月老,我请你吃十八蹄。

在这段对话中,"喜糖""哪里哪里""八字没一撇""红娘""月老"等词都是凝聚着浓厚汉文化色彩的词语。"喜糖"是把人的欢喜情感移到物上,人办喜事连物都欢喜起来,这就是汉民族特有的感情表达方式。汉民族不光有"喜糖",还有"喜酒""喜烟""喜茶""喜筵"……这是修辞格中的移就造词,如同短语中的"寂寞的梧桐""欢乐的篝火"等移就表达方式一样。中国人但凡有点儿文化或阅历的对这些词语是耳熟能详的。"八字没一撇"源于汉字书写,"八"从一撇开始写,连一撇都没有就比喻事情还没影儿呢。此外,"红娘""月老"更是让人联想到《西厢记》、崔莺莺、张生、红娘、老夫人和天庭那位主管婚姻的红喜媒神。这些词语里包含的故事可比一个简单的"媒人"丰富多了。而对这些词语的理解和运用,就要依赖于对汉民族传统习俗和文化语境的了解和熟悉。初学汉语的外国留学生不熟悉汉民族文化语境是自然的;即使借助一般字词典工具书也不一定能理解,是因为一般字词典工具书对这类词语隐含的文化意义注释很简略或者根本没有注释。

二、意义

万物都有自己的形式与内容,语言也不例外。语言的形式是声音,语言的内容就是意义。声音、形式是显性的,几个音素几个音节好识别,而意义就要复杂得多。仅就"意义"这个词的意义,在语言学界历来有不同的看法。早在1923年,英国学者奥格登(Ogden)和理查兹(Richards)就出了一本有名的书,叫作《意义的意义》

（*The Meaning of Meaning*），书中列出了"意义"这个词的 22 种意义；英国另一位著名语言学家杰弗里·利奇在他 1974 年出版的《语义学》中也列出了"意义"的 7 种不同意义。可见，"意义"是十分复杂的现象，着眼的角度不同，分出的意义就有所不同。正如吕叔湘先生在《语文常谈》中所说的："在人们的语言活动中出现的意义是很复杂的。有语言本身的意义，有环境给予语言的意义；在语言本身的意义之中，有字句显示的意义，有字句暗示的意义；在字句显示的意义之中，有单字、单词的意义，有语法结构的意义。这种种情况从前人也都知道，所以才有'言不尽意'，'意在言外'，'求之于字里行间'这些个话。"①

在这里只说两类意义，即静态意义和动态意义。

（一）静态意义

所谓静态意义，指的是按照一定的语法规则，通过语言符号所表达的独立于语境之外的话语意义。这种意义来自语言本身的属性，是传统语义学研究的对象。之所以称它为"静态意义"，是因为它不跟语用主体、语境等因素发生联系，它的意义是单位内部各种要素意义的总和，信息量是自足的。语言的静态意义从语言单位看，可以是词的，也可以是句子的。词的静态意义就是词在词典里的解释意义，包括概念意义和各种色彩意义。

概念意义是词语对客观事物本质特征（即这一事物区别于那一事物的特征）的反映。更详细地说，它指的是语言单位里所反映的人们对外部世界客观事物本质属性特征的认识。例如"女人"一词，其本质特征是"成年女性"；而"女人"可以有不同的模样、高矮、

---

① 吕叔湘.语文常谈[M].北京：生活·读书·新知三联书店，1980：66－67.

胖瘦等,这些都不是本质特征。客观事物的本质特征是构成词义的基础。概念意义是语义学研究的对象。"概念意义"一般又被称为"认知意义"。概念意义(静态意义)是动态意义(语用意义)依附的基础。

概念意义是跨文化的。既然词语的概念意义是反映客观事物本质特征的意义,那么各民族对客观事物本质特征的认识和概括基本相同,因此,就有相同的概念意义。比如"杯子"的本质特征是"小型的盛水的容器",尽管在各民族语言里,"杯子"有不同的叫法(语音形式各异),但是其概念意义(本质特征)是一致的。所以,它是跨民族、跨文化的。正因为如此,各国语言翻译才成为可能。

句子的静态意义就是其单位内部各词的意义的总和。例如:"今天是星期天"这个句子的静态意义就是其内部的"今天""是""星期天"三个词的意义的总和,即指明今天是一周中的哪一天。不必考虑说话人是谁,为什么说这句话。色彩意义除了在一定条件下说话人故意变更词语的色彩意义外,也多属于静态的附加意义。

(二)动态意义

所谓动态意义,是指在特定的条件下,一个句子所表达的取决于语境的交际意义。它也被称为话语的目的意图意义。特点是一定得跟语境相联系才能辨认,其自身信息量是不自足的。动态意义都属于话语,即使是一个词构成的独词句,也必须依赖于语境才能真正理解。例如:"蛇",其静态的概念意义指"蛇目,爬行动物的统称";而当它被说话人使用在一定语境中,就成为使用单位的句子,其意义就是动态的了,或许指的是"小心,有条蛇!"。这就是"蛇"在某个语境中的动态意义。拿前面所举"女人"一词来说,除

了字典里所具有的"成年女性"的概念意义外,在一定的言语环境中,它还有各种不同的变化以后的意义。例如:

①她(田晓霞)拿出小圆镜照了照,说:"我和你在一块,才感到自己更像个女人。"

(孙少平:)"你本来就是女人嘛!"

(田晓霞:)"可和我一块的男人都说我不像个女人,我知道这是因为我的性格。"

(路遥《平凡的世界》第三部,第74页)

②咱们老爷们别跟女人似的。

③我那时喜欢他,是喜欢他最初在阳光下的一个侧面,虽然漂亮,但在这个女人比男人还男人、男人比女人还女人的错乱时代,却难得地一点都不阴柔女气。

(唐七《岁月是朵两生花》第十三章,第112页)

在例①的对话中,田晓霞与孙少平话语里提到的"女人"的意义是不一样的:田晓霞第一轮话语和第二轮话语出现的"女人"一词除了字典里的概念意义(成年女性)外,还具有很多关于女性的美好的联想意义,例如温柔、优雅、爱打扮、善良、智慧、清纯、风情、柔弱等,换句话说就是多了好些语用意义;而孙少平话语里的"女人"则应仅为词典里的意思——成年女性。在例②中,"女人"一词除了词典里的概念意义以外,还有一些关于女性的负面意义,例如柔弱、气量小、没见识、爱唠叨等。例③中的第一个"女人"却带上了男人具有的粗犷、豪放、血性、刚毅、果敢等意义。这些多出来的意义就是"女人"一词进入上下文语境以后发生变化的动态意义。而这种动态意义一般在词典上是查不到的。

（三）动态意义跟静态意义的区别

与概念意义相比较,话语的动态意义有以下特征:

1.动态意义附着于静态意义之上,但在交际中常常是说话人要表达的主要意义。

2.静态意义反映的是话语的客观价值,是人们对客观事物属性的认识;但是,话语的动态意义反映的是语言使用者对话语所指对象的认识,因此带有主观性和不确定性,需要语境才能辨认。

3.静态意义少变化;动态意义之所以呈现出"动态",是因为它容易随着时间和地域的变化而变化,并不固定。

英国学者杰弗里·利奇在其《语用学原则》一书中对动态的语用意义的鉴别提出了四条标准:

(1)是否考虑了说话人和听话人;

(2)是否考虑了说话人的意图或听话人的理解;

(3)是否考虑了语境;

(4)是否考虑了通过使用语言所实施的行为或行动。

利奇认为,上述四条中只要有一条的回答为"是""涉及了",那么被鉴别的意义当属于动态的"语用意义"。

（四）动态意义的种类

动态意义是说话人的主观意图、情感态度以及跟语言外部诸多因素相联系的意义,通常被称为语用意义。语用意义根据其产生的角度就可以对其进行分类,一般可以分为跟说话人主观意图有关但意义在字面上未能显示的"言外之意"、跟说话人的民族传统文化习俗有关的"文化意义"、跟词语常见搭配有关的"搭配意义"以及跟语境中某一因素有关的联想意义等等。

1.言外之意

顾名思义,言外之意指的是话语没有明说但能使听话人体会出来的说话人话语的本意,它通常表达的是说话人话语的目的意图。言外之意必须依赖字面意义和语境才能存在,没有字面意义,就无所谓言外之意。汉语里表达言外之意的手段很多,除了语用学上的特有方法之外,修辞上的双关、反语、折绕、藏词、留白等辞格都是表达言外之意的好策略。

（1）顺势推理

如果一句话的字面意义在特定语境中能必然地引发某种推理,那么,推理的结果就是这句话的言外之意。例如:

①第二天,她仔细梳理了一下自己的关系网,跨越了地级城市和省会城市的鸿沟,找到了省里一个给省委书记开车的远房亲戚,企图把我弄进省城一所国家级重点中学念高中。据说那位亲戚是我妈的表姐的情敌的生意合伙人的秘书的弟弟,我和外婆都认为机会渺茫,但可怕的是她竟然取得了成功。于是我不得不离开刚满一岁的小颜朗和这个风景如画的边陲小镇,到相距三百多公里的省城去深造。

（唐七《岁月是朵两生花》第二章,第 14 页）

这段"我"的自述话语中,字面上的意思就是母亲"找到一个给省委书记开车的远房亲戚"让其帮忙让"我"进省重点高中读书。"我"还特别描述了这位亲戚跟自己母亲的关系:八竿子都打不着的遥远关系。因此,"我和外婆"才"认为机会渺茫","但可怕的是她竟然取得了成功"。按理,那么遥远的亲戚关系母亲也竟然成功了,值得欣喜。可为什么作者却用了"可怕"一词?试想,一个给省委书记开车的司机都有这么大的能耐走后门、搞特权,那么在省委书记周围工作的再大点儿的官员是不是有更多的能耐走后门、搞特权、搞腐败？都这样的话，普通老百姓、人民大众还有什么希望？当然就会"可怕"！这就是顺势推理推出的更深一层的言外之意。

（2）违反原则

如果说话人说话时故意违反某些交际原则，使其话语产生言外之意，并让听话人意识到，这个故意违反原则产生的意义就是言外之意。例如：

②晚秋："明天我可以约您散步吗？"

余则成："弹琴，弹琴好学吗？"

（电视连续剧《潜伏》第 4 集）

余则成奉顶头上司之命去汉奸穆连成家为其捞财，认识了穆连成的侄女晚秋。一来二去有了上面的对话。按照一般有问有答的会话规则，余则成应该回答晚秋"可以"或"不可以"，但是他不仅没有这样回答，却反而岔开话题去回问晚秋"弹琴好学吗"。显然，他的回答违反了有问有答的习惯规则（也叫会话"合作原则"）。那么，他为什么要这样回答？他的回答该做何理解？其实稍微想想会话双方所处的特定环境和自身角色身份，对余则成的回答就不难理解其言外之意。首先，余则成不能回答"可以"，因为"可以"是要付诸实践行为的，姑且不论他与晚秋约会散步会怎么发展，只说眼下他去穆连成家是"奉命行事"，压根儿没想跟晚秋有过深的交往；何况作为党的地下工作者，他很清楚自己不能受制于某种约束。其次，他也不能以"不可以"去直接拒绝对方，也是因为眼下他奉命在身，要经常出入穆连成家，要与晚秋保持一种良好交往，以便顺利实现上司的吩咐；何况简单地以"不可以"或"不行"加以拒绝，也不礼貌。为了礼貌或许又得编理由、找托词。所以，鉴于上述原因,余则成最好的办法就是岔开话题。以上就是他话语的意图意义。可见,简简单单的一句答非所问的话语就有这么多"言外之意",这些言外之意是从话语以及语境里的诸多因素共同推导出来的。再如:

③马奎:"那,裁员,站长,会裁很多吗?"

吴敬中(严肃地):"今天晚上我回去问问老天爷,明天告诉你们。"

(电视连续剧《潜伏》第9集)

这是在吴敬中办公室里发生的对话。余则成问站长吴敬中"军统就要撤销了"的消息是否确实,吴敬中说:"撤销不会,就是改建,裁几个人,重新起个名。"接下来,就有了行动队队长马奎与站长吴敬中的上述对话。按照常规回答,吴敬中可以回答马奎"多"或"不多"或"不知道"。但是吴敬中却以一句既啰唆又非真实的话作答——要问老天爷!还很幽默!引得在座的几位部僚禁不住同时笑出了声。其实,部僚们包括马奎自己在笑声中已经理解了吴敬中要表达的言外意思是:裁员的具体情况我吴敬中也不知道。但如果吴敬中直接回答"不知道",语言寡淡苍白不说,也显示不出吴敬中作为站长的说话水平。这就是站长吴敬中对马奎问话故意啰唆作答的言外之意。上述两例言外之意的产生都可以从违反"格赖斯合作原则"的知识里找到答案,即前例是违反会话合作原则的关系准则产生的话语真意,后例是违反会话合作原则的方式准则产生的话语"真意"。

(3)巧用修辞格

修辞格很多都可以表达言外之意,这里只说比喻。让比喻产生言外之意,是指:如果一句话的字面意义能与语境中的某件事因

为相似而建立起比喻关系,那么这种比喻关系产生的意义就是这句话的言外之意。例如:

④台湾学者沈谦在他的《我的朋友胡适之》一文中有这样一段叙述:

胡适揭开文学革命的序幕,提倡白话文学,宣扬民主与科学,推崇德先生(democracy)与赛先生(science),鼓动新思潮,开风气之先,居功奇伟。曾经遭受到若干保守人士的攻讦,开始还讲道理,后来演变成人身攻击,胡适虽然修养不错,终究按捺不住,脱口而出:"狮子和老虎向来是独来独往,只有狐狸跟狗才连群结党!"

这里胡适脱口而出的妙语,是两个比喻中的借喻句,前者省掉了本体"我"和比喻词"像",后者省掉了本体"你们"和比喻词"像"。两个借喻句分别跟胡适本人和攻击他的人(一群保守派)建立起了相似点:"狮子、老虎是山林之王又独来独往"跟"胡适德才超群又自负而不露声色"相似;"狐狸跟狗连群结党"与"合伙攻击自己的保守派人士"相似,这种相似关系产生了一语双关,有了指桑骂槐的效果。形象而含蓄,骂人不带脏字,不失大学者的风度。这就是胡适妙语的言外之意。

巧用修辞格还表现在对词语情感意义的灵活运用上:有时候说话人在特定语境中故意改变一个词语的感情色彩,由褒义变为贬义或由贬义变为褒义,或者故意让一个原本没有什么感情色彩的词语生出某种感情色彩。离开语境以后,词语的情感意义要么回归原位,要么消失。这样的表达手段在修辞上被称为"易色",能使表达显得幽默风趣。例如:

⑤周越越和岳来一前一后地来参观我,我刚刚睡醒,盐水将挂完,而秦漠不知所终。

（唐七《岁月是朵两生花》第十七章,第 176 页）

这例是描写"我"在湖边与初恋情人理论旧时情感纠葛时,因激动不小心掉进湖里,被救起来送到医院住院治疗。碰上了在楼道上摔伤了腿的女友周越越和另一朋友一起来看望自己的描述。可句中却没用"看望"这个词,转而用了"参观"一词。"参观"的意思是"到实地去观看",是个中性词,情感意义为零,可是经作者如此一用,试想"参观病人",除了实习医生可以跟随主治大夫一起参观病人,可能一般人不应该如此说话,似乎病人是一展品……这个"参观"在这个特定语境中就生出了贬义倾向,也正好与小说中周越越的大大咧咧、没心没肺的性格相吻合;当然这样用词也体现了"我"的自嘲。这就是词语进入语境中体现出来的从无到有的情感语用意义,离开这个特定语境,"参观"的贬义倾向就会消失。又如:

⑥当周越越对我说对方是个才俊时,可想而知我是多么激动啊。但这位才俊,他先是用他稀疏的头发和鸭梨一般的体型颠覆了我对"俊"这个字的理解,再用关公战秦琼和龙门山周口店发现元谋人的历史故事颠覆了我对"才"这个字的理解。

(唐七《岁月是朵两生花》第一章,第 4 页)

这是小说中的"我"介绍自己相亲经历的一段话。话里的"才俊"一词本指"才智出众、容貌俊美的人",是个褒义词,但是它被用于上述这段话语中,在"鸭梨一般的体型"和"关公战秦琼、龙门山周口店发现元谋人"的胡诌的映衬下,使"才俊"的褒义发生了质的转变,变成了贬义,具有很大的讽刺性。如果离开这个语境,"才俊"临时产生的贬义就消失了,回归到原来的静态褒义状态。这就是情感意义的语用表现。再如:

　　⑦粉丝们还在网上自发建立了一个民间组织来拥护支持秦漠,叫做禽兽俱乐部。这个禽兽俱乐部顾名思义,里边的每一个会员无论男女都是禽兽。我第一次听她这么说的时候,心里只犯怵,想这姓秦的得是多禽兽一个人啊,才能有这种感召力把五湖四海的禽兽们聚集在一起。后来才弄清楚,原来禽兽是对秦漠的粉丝的昵称。

（唐七《岁月是朵两生花》第三章,第 26 页）

　　这段话里的"禽兽"一词,一连用了几遍,其在词典里的意思是:鸟类和兽类的合称;比喻道德败坏、行为卑劣、没有人性的人。其理性意义就是贬义的,至少比喻意义和联想意义是贬义的,可是在上文的语言环境中,它们既不指"鸟类和兽类",也不指"道德败坏、行为卑劣、没有人性的人",而是对年轻有为的建筑界名人秦漠的"粉丝们的昵称"。据小说更大的语境介绍说,这个名人秦漠是建筑界的一朵奇葩,美国麻省理工学院建筑系的高才生,二十五岁就跟人合伙在纽约开了自己的建筑设计事务所,是个实践型建筑师。因此,能崇拜这位名人的"秦兽"(禽兽)粉丝理应与"道德败坏、行为卑劣、没有人性的人"不搭界。这就是"禽兽"一词色彩意义在具体语境中的转化,如果说转化为褒义很牵强,那么,其贬义色彩在上面具体的语境中肯定是消失了。当然,离开上述语境,"禽兽"一词的贬义色彩又会复原。这就是词语色彩意义在语境中的动态情形。广义地说,它其实也是一种言外之意。

　　总之,言外之意表达得好,不仅能丰富一句话的语义内容,而且能让人感到睿智隽永、含而不露、底蕴丰厚、耐人寻味。跟口若悬河、滔滔不绝相比,言外之意展示的是说话的另一种境界。

2.文化意义

所谓文化意义,是指积淀在词语或话语中的民族文化传统意义。具体而言,这种民族文化传统意义是使用该语言的民族表现在语言上的特有的传统习俗、思想观念、心理状态甚至社会偏见等意义。比如:英美等国人不可以问对方的年龄(尤其是女性)、财产和个人私事,因为个人隐私权在他们看来是非常神圣的。但是在中国,问你的年龄,问你的财产,问你个人的私事——有男朋友(女朋友)了吗? 结婚了吗? 有几个孩子? ——这是对你的关心和爱护。尤其是年长者对年轻人,问你年龄、恋爱和婚姻,这显示了对你的关心和他(她)的长者风度。这就是我国的文化传统。又比如:生活中大家都会有这样的经历,走在街上,碰见一个熟人,他对你点头微笑,并问道:"买菜呀?""散步哇?""你去哪儿?""你干什么去?"对这类问话,你可以只点头不回答,也可以含糊地"嗯"一声即可。为什么? 因为你知道对方的问话不过是常见的招呼用语,并不一定等同于其字面意义(明明看见你拎着菜、在散步还明知故问),或者真的询问你去哪儿,你要干什么。也就是说,礼貌和招呼是这类问话的语用意义,它是由社会文化约定的。别的民族则不一定能理解。而"老兄、老弟、老妹"一类的称老表敬的文化意义也只有在汉民族中可以成立。在欧美,"老"是衰弱、无用的同义词,最受忌讳。这种文化差异引起的话语意义应当引起注意,虽然今天的招呼语越来越多地过渡到"你好"上来了。

话语的文化意义会随着社会的变化而变化,并不固定。比如,20 世纪 60 年代中国人尤其是新婚家庭要置办"三大件",指"自行车、手表、缝纫机"。随着时代的变迁和人民生活水平的提高,原来的"三大件"在今天连"小三件"也算不上了。但是,中国几千年来在婚恋上追求的"郎才女貌"的婚恋观虽然受到一些新思潮的冲击,但变化并不大。下面是在网络上搜集的两则男女征婚广告,可以看出它们大致都有相同的话语模式和焦点信息。例如:

①某男:××学历,未婚,身体健康,兴趣广泛,收入丰厚,有房有车;觅年轻貌美、温柔贤惠的女子为偶。

②某女:××学历,未婚,秀美聪慧,善解人意;觅学历相当、工作稳定,收入丰厚、有房有车、无不良嗜好的男士为偶。

在男性的广告中,男子通过"学历、兴趣广泛、收入丰厚、有房有车"来展示自己的"才(财)"。言外之意是他是一位"才(财)"兼备的"才(财)郎";而"才(财)郎"要寻觅的首先就是"女貌","年轻貌美"是"女貌"的外在,"温柔贤惠"是"女貌"的内在。在女子的广告中,除了学历,也是首先展示自己的"女貌","秀美"是"女貌"的外在,"聪慧""善解人意"是"女貌"的内在,这样的女子称得上是"秀外慧中";而"秀外慧中"的女子要寻觅的也是"才(财)郎":"学历相当""工作稳定"是"有才","收入丰厚""有房有车"是"有财",而"有房""工作稳定"和"无不良嗜好"等是女子获得安全感的重要条件,也是"有才(财)"的保障。可见,两则广告体现的还是"郎才(财)女貌"的世俗婚恋观,属于社会某个群体范围的理想追求。这就是一种社会文化意义。本来,"郎才女貌"是中国人千百年来的传统婚恋观,是一种朴素的"佳配""优化组合"观念,体现出中国社会群体历来的求偶心理、价值观和审美理想。只是,进入当代,尤其是改革开放以后,随着中国社会在转型期的各种变化,拜金意识重新抬头,婚恋上的"郎才女貌"追求渐渐向"郎财女貌"倾斜演变,甚至完全演变为"郎财女貌"的追求。无论如何,这也同样是在中国社会改革下的一种社会群体在婚恋上的思想观念。总而言之,上述解析意义就是两则广告中隐含的汉民族在婚恋上的传统文化意义。

3.搭配意义

英国著名语言学家利奇在他的《语义学》一书中给"搭配意义"的定义是："由一个词所获得的各种联想构成的，而这些联想则产生于与这个词经常同时出现的一些词的意义。"[①]他举例说，英语里的"pretty（漂亮）"和"handsome（俊美）"，前者经常与"girl、boy、woman、flower、garden、colour、village"等词搭配，后者经常与"boy（有重合）、man、car、vessel、airliner"等词搭配。利奇还说"搭配意义是各个词具有的特异性"。可见，利奇讲的"搭配意义"主要指词跟词的搭配习惯。

关于词语的搭配，王希杰先生说："词语的生命在于搭配。"[②] "这一方面是指搭配使抽象的词语获得了具体的意义，具有了一定的交际价值；另一方面更在于搭配形成的新格式、新框架又反过来促进了潜义的显化，制约着新义的生成，显示出形式对内容的强大反作用。"[③]可见词语搭配的重要性。词语搭配分为常规和偏离两种。常规的语义搭配规则有三条。第一，作为这个词语内涵之一的意义要素，不可以用来修饰这个词语或对这一词语进行陈述。例如"女的姑娘／那个单身汉是男人"，这都是违反第一规则的废话，没有交际价值。第二，一个词语不能用它内涵中不具备的意义特征来修饰或陈述。例如"多奶的小公牛/这花的香味有两斤重"，显然这也都是违反第二规则的自相矛盾的话语。第三，语义搭配

① 杰弗里·利奇.语义学[M].上海：上海外语教育出版社，1987：24.
② 王希杰.修辞学新论[M].北京：北京语言学院出版社，1993：172.
③ 刘静敏.与拈连格有关的词语超常搭配[J].语言教学与研究，1998（3）：134.

要遵从社会公认的搭配习惯。凡是符合上述三条规则的词语搭配就是常规搭配,反之就是偏离。上述三个规则都可以偏离。词语搭配的偏离也分为正偏离和负偏离。正负偏离的检验标准是言语的"规范形式",它是相对稳定的,是整个语言社会所公认的。用王希杰先生的话说是"零度",零度以下的偏离就叫"负偏离",指的是"坏的不好的反面的消极的负面值的偏离",是会损害交际效果的偏离。比如:"毛主席在苏联逗留二个月以上……"①这句里的"二"在个位数的位置上做基数的时候,人们通常用"两"而不用"二",这就是习惯搭配,上面句中的搭配不合习惯,句子就读不顺了。这就是搭配的负偏离,是语法形式上的负偏离。"正偏离"指的是"好的积极的正面值的偏离"②,是读者和听话人喜欢的偏离。这种正偏离的词语搭配(俗称"超常搭配")所表现出的意义就是我们这里重点强调的搭配意义。比如:

①上邪!我欲与君相知,长命无绝衰。山无陵,江水为竭,冬雷震震,夏雨雪,天地合,乃敢与君绝!

(汉乐府《上邪》)

②枕前发尽千般愿,要休且待青山烂。水面上秤锤浮,直待黄河彻底枯。白日参辰现,北斗回南面。休即未能休,且待三更见日头。

(敦煌曲子词《菩萨蛮》)

夏天——雨雪,青山——烂,秤锤——水面上浮,这是词语搭配的语义偏离,孤立地看,都是语义病句,但结合整个诗歌却是艺术的语言,表达了两位创作者对爱情生死不渝、磐石般坚定的信念

---

① 瓜田.趣说字里行间[M].上海:上海辞书出版社,2009:42.
② 王希杰.修辞学通论[M].南京:南京大学出版社,1996:199.

和火焰般炽热的激情,具有激动人心的魅力。

这就是词语搭配的语用意义。词语搭配的动态语用意义在言语交际中其实是很丰富的,尤其是在诗歌或散文诗这类文学作品中。例如:

③是秋天了! 人们轻微地溜出了一个迷茫的叹息。

(袁鹰《西风絮语·寂寞》)

④捧起清清的湖水,吻一吻手中的月亮。

(周嘉堤《夏夜》)

③中的"溜出了一个迷茫的叹息",是词语搭配的正偏离,上文指出"秋天",这给词语搭配偏离提供了语境条件,秋天到了(当然有更深刻的寓意),人们感到有些寂寞和悲凉,所以才"迷茫""叹息";如果上文写"春天",那么这样的词语搭配偏离就不可以或者成为负偏离。④例如果不看上下文,单看"手中的月亮",似乎也不能成立,因为月亮不可能在手中。但是联系上下文看,它又合乎情理,上文"捧起清清的湖水",在皓月当空的夜晚,月亮倒映湖中,捧起的湖水也就把月亮捧到了手中,这样写"手中的月亮",就很有诗情画意。如果没有上文,人们是很难接受这种搭配偏离的,所以语境不仅是词语搭配偏离的基础条件,也是其表达效果的衡量标准。词语搭配的正偏离适应了更高层面上的某种要求,或者说,这种偏离是由更高层面上的规则所制约着的,即在更高层面上有更加合理的解释,这就像我们在马路上看到"绿太阳""蓝月亮"的招牌时,就会被它吸引过去,还会承认它吸引人的可爱之处。在词语搭配的世界里,有多种因素在起作用,这些因素是相互影响相互制约的,因此我们不能拘泥于某一个方面而轻易否定它。词语搭配的正偏离是语言的艺术。

4.联想意义

一个词语经常在一定的语境中使用,以至于只要一使用这个词语就会让人联想到相应的环境,甚至还产生对这个环境的情感反应和价值评判。这种稳定的联想关系积淀在词汇意义中,就形成了这个词的联想意义。

词语的使用环境一般可分为四类,即时代、地域、社群和语体。相应的词语联想意义也可以分为四类。例如:

①时代意义:令尊、鄙夫、巾帼、问鼎——让人联想到古代;"大跃进"、人民公社、右派——让人联想到20世纪50年代;大串联、红卫兵、知青——让人联想到"文革"。

②地域意义:尴尬、捣糨糊、触霉头——让人联想到上海;打的、买单、靓汤——让人联想到广东;啥子、朗个、哈——让人联想到川渝。

③社群意义:开盘、割肉、斩仓、托盘——让人联想到股民;主页、聊天室、电子邮件——让人联想到网民;朋友圈、群聊——让人联想到手机微信群;教堂、礼拜、祷告——让人联想到教民。

④语体意义:夫人—老婆、母亲—妈妈、头颅—脑袋,每组词前面的词让人联想到书面语体,每组后面的词让人联想到口语语体。

可见,词语的联想意义与词语的来源环境密切相关,一般来自哪个环境或哪个群体就具有关于那个环境或那个群体的联想意义。了解和把握词语的联想意义可以帮助我们更深层次地理解词语的内涵,使我们在交际中的表达更准确、生动和得体,理解也更深刻全面。

【思考练习二】

一、填空题

1."语境"一词是_____提出来的,他把语境分为_____和_____两类。

2.在我国,类似于"语境"的概念是由_____在他的《_____》一书里提出来的。

3.从功能看,语境至少具有_____和_____两大类功能。

4.根据其产生的角度的不同,话语的动态意义可以分为言外之意、_____、搭配意义和_____。

5.词语的联想意义一般跟词语的_____有关,一般来自哪个_____或哪个群体就具有关于那个_____或那个群体的联想意义。

二、判断题

1.在我国,陈望道最先提出了"语境"概念。

2."大语境"指的是民族传统文化习俗语境。

3."到哪个山坡唱哪个歌""看菜吃饭,量体裁衣"……都是指说话要看对象、看场合。

4.话语的文化意义是指积淀在词语或话语中的民族文化传统意义,是一种固定的意义。

5.词语搭配的正偏离是语言的艺术。

三、名词解释

1.静态意义　　2.动态意义　　3.概念意义　　4.言外之意

5.文化意义　　6.联想意义

四、问答题

1.语境包含了哪些因素?

2.语境有哪些功能?请举例说明。

3.下面的几组词语中,破折号前面的词语均为新华社公布的禁用词,后面的是应该使用的词语,请谈谈它们各有什么语用意义,新华社这样规定有何意义。

瞎子——盲人 聋子——聋人 傻子——智力障碍者

影帝、影后、巨星——著名演员、著名艺术家

老板——国内领导干部和国有企业负责人

村长——村主任 村官——村干部

"一带一路"战略——"一带一路"倡议

五、分析操作题

1.请分析下面句子中带点词语的静态意义和动态意义。

①马路边上甲把乙往路边一拉,顺口说了一句:"汽车!"

②甲对乙:"门口有只狗!"

2.请给下面的静态单位添加合适的语调,并放进上下文语境中,让其表达不同的意义。

①你小心点

②你把房间打扫了

3."严禁夹带危险品进站上车!"有多少种排列组合的可能性?哪一种最好?为什么?

4.请根据下面语境中的话语和"问"解题。

①小李这人哪都好,就是脾气不好,说话不中听。一次,妻子玲玲和老同学见面,小李张嘴就是一句:咦,你比玲玲大这么多啊!弄得两人当场就尴尬在那里。事实上,同学比玲玲还小几个月,但因较操劳,看着有点憔悴。

问:小李觉得自己只是说了实话而已,请你根据语境因素谈谈他的想法对不对,为什么?

②小马父母经常买保健品,家里保健品一大堆;小马父母每次在小马回家探望时都给他准备很多他爱吃的食品,面对这些,小马常说:"怎么又买一堆无用的保健品? 还真是糊涂得不轻!""不让你们准备东西非要准备,弄这么一大堆又带不成,净添麻烦。""行了行了知道了,别啰唆了。"小马的父母为此常生闷气,小马还常说自己是"刀子嘴豆腐心"。

问:小马的"刀子嘴豆腐心"可以作为他说话方式的理由吗? 为什么? 请帮助小马改改他对父母的话语方式。

③小明匆匆走进教室,习惯地用手巾纸把自己的座位擦干净,随手将纸扔在地上,同学小冬看见后说:"你很讲究个人卫生哩!"小明不好意思地笑了笑,说:"……"随手将纸团拾起来,扔进了教室外面的垃圾箱。

问:小冬话语的言外之意是:＿＿＿＿＿＿＿。小明怎样说才得体:
＿＿＿＿＿＿＿。

④有两个朋友碰到一起。甲说:"如果你对体操感兴趣的话,学校里有不错的体操队。"(其言外之意是:＿＿＿＿＿。)乙回答:"我爬楼梯还得停下来喘几口气呢!"(其言外之意是:＿＿＿＿＿。)

5.请给下面的句子填上合适的语境,使其表达不同的意义。

①能穿多少就穿多少

②喜欢一个人

③谁都打不过

④大败

6.请为下面的每个量词各搭配三四个词语组合,要求搭配的词语分属不同意义类别(量词前可以加数次"一")。

支 片 轮 条 根 脸 叶 道 手 枚

【拓展延伸】

专著

[1]王建华,周明强,盛爱萍.现代汉语语境研究[M].杭州:浙江大学出版社,2002.

[2]冯广艺.汉语语境学教程[M].武汉:湖北人民出版社,2012.

[3]张金梅.汉语语言要素的语境研究[M].天津:南开大学出版社,2014.

[4]杰弗里·利奇.语义学[M].上海:上海外语教育出版社,1987.

[5]王占馥.境况语义学导论[M].福州:福建人民出版社,2000.

[6]马清华.文化语义学[M].南昌:江西人民出版社,2000.

[7]叶国泉,罗康宁.语言变异艺术[M].广州:广东教育出版社,1992.

[8]冯广艺.变异修辞学[M].武汉:湖北教育出版社,1992.

第三章

指示词语

在语言世界里，"我、你、他、咱"是完全不同的人称代词，是彼此对立的。但是，在交际活动中，"我"和"你"和"他"完全可以表示同一个人。

——王希杰《修辞学通论》

【章目要览】

指示词语指必须依靠语境才能明确其指示信息的词语或结构。指示词语是以说话人为中心组织起来的,分为人称指示语、时间指示语、地点指示语、语篇指示语、社交指示语五类。指示词语有两种用法:指示用法和非指示用法。指示用法分为身势用法和象征用法。非指示用法分为照应用法和非照应用法。五类指示语各有自己的意义、特点和用法。

【相关知识】

与现代汉语中人称指示、空间指示等知识有关。

【情景案例】

有这样一个笑话:

甲:令尊今年高寿?

乙:令尊今年 78。

乙:今天我光临寒舍,谢谢你的热情款待。

在这则对话中,"令尊"本来是称呼听话人的父亲,乙在回答的时候,却用来指称自己的父亲。称呼自己的父亲应该用"家父",乙显然用错了。乙后面的"光临寒舍"原本是对客人到自己家来时对客人说的话,可乙却用来说自己到别人家,也说错了。这个笑话,由于说话人误用了"令尊""(光临)寒舍"这两个社交指示语,不仅让乙显得傲慢无礼,还弄巧成拙,让人尴尬。社交指示语用得好,可以显示出对别人尊敬,让听话人心里感到愉悦,能较好地达到交际目的。社交指示语只是指示词语的一个小类。到底什么是指示词语?它们有什么样的作用?我们怎样恰当使用指示词语?这是本章我们要讲述的主要内容。

【重点提示】

指示词语的用法;指示词语的分类;人称指示语的特殊用法。

一、什么是指示词语

(一)指示词语的含义

指示词语是语用学中一个非常重要的研究内容,也是语用学较早开始关注的内容。英语名叫 deixis,该词来自希腊语,原意为"指点(pointing)"或"标示(indicating)"。中国语用学者一般译作"指示词语",有的也译作"指示词语及其功能"。

1954 年,语言哲学家巴尔·希勒尔(Bar-Hillel)在《指示词语》一文中提出,语用学的具体研究对象是指示词语。他认为,指示词语是指在不知其使用语境时就无法确定其所指语义的指示词或指示句。指示词语提供的信息来自语境,具有灵活性、动态性,没有特定的语境,没有语境信息,话语的指示信息(某些词语的指称和含义)就无法明确,句子就不可能得到正确的理解。例如:

①人与人之间的交往需要相互理解,相互包容。

②他走进了教室。

③今天的生活真幸福!

④这里的风景真美!

　　大家对例①这句话的理解往往是一致的、明确的。但是对例②，如果没有语境，我们就不知道"他"到底指谁。对例③，必须知道说话人说话的时间，我们才能知道"今天"到底指什么时候。对例④，"这里"到底指哪里，我们必须结合说话人说话的具体地点。例②③④中，包含了指示词语"他""今天""这里"，要明确其意义，必须依赖语境，在不同的语境中，这些词语的指称对象要随说话人、说话时间、说话地点而变。

　　指示词语的相对指称性，决定了指称词语中只有一部分能起指示的作用，主要是人称代词、指示代词等。例如：

①鲁迅是中国现代文学的奠基人。

②2017年对于我来说，是不平凡的一年。

③重庆位于中国的西南部。

　　例①②③中的"鲁迅""2017年""重庆"虽然也有指称作用，指称具体的人、时间、地点，但是这三个词的指称对象一般不会随语境而变，所以它们不具有指示功能。所以，专有名词、有定名词短语的指称往往是明确的，不属于指示词语。

（二）指示词语的组织方式

　　在面对面的言语交际中，指示系统一般是以自我（说话人）为中心组织起来的。指示语的指示中心：

(1)中心人物一般是说话人；

(2)中心时间是说话人说话的时间；

(3)中心地点是说话人说话时所处的地点；

(4)语篇中心是一句话中说话人当时正说到的部分；

(5)社交中心是说话人相对于说话对象的社会地位。

二、指示词语的用法

指示词语的用法,可分为指示用法和非指示用法两种。

(一)指示用法

菲尔默(Fillmore)在 1971 年的一篇论文中,将指示词语的指示用法分为身势用法和象征用法两类。

1.身势用法

身势用法指在使用指示词语时必须配合一定的手势、眼神或者点头等副语言特征才能够让人理解的一类用法。例如:

①这是我的衣服,这是他的衣服。(配合以手势)

②他是我哥哥,他是我弟弟。(用眼神)

如果光听到话语,但看不到他说话时的情景,看不到说话人的手势或眼神,我们便不知道哪件是"我"的衣服,哪件是"他"的衣服,也不知道谁是"我"哥哥,谁是"我"弟弟。

2.象征用法

象征用法指在使用指示词语时仅需要提供言语事件的语境(即基本的时间空间等参数)就可以让人理解的用法。例如:

①明天下午两点开会。

②这所学校环境真美!

例①中我们只需要知道说话人说话的时间,我们就知道明天具体指哪天。例②只要知道这句话是在重庆人文科技学院说的,不论说话的具体地点在何处,"这所学校"指的只能是重庆人文科技学院。

（二）非指示用法

指示词语只是说这些词语常常具有指示的用法和功能，并不是说，这些词语就没有其他的用法。所以，指示词语具有指示用法，也具有非指示用法。非指示用法又分照应用法和非照应用法。

1.照应用法

在日常交际或对话中，代词常常用来复指前面的名词，与前面某个词语所指为同一对象。照应用法指指示词语重提先行词，与先行词同指，以指称语言外的事物。例如：

①小张住在三栋，他是我的邻居。

②从窗口泼出去的脏水淋在一对恋人头上，他们气冲冲地找上门评理。

例①中的"他"指的就是上文的小张，例②中的"他们"指的是上文的一对恋人，由于词语所指的对象存在于语篇之中，所以也称为"文内照应"。

第三人称指示语使用照应用法比较多，因为我们在语篇或对话中，第一次提到一个人常常用名字，在后面再次提及时，就可以用第三人称指示语来指称。那第三人称指示语只有照应用法，第一人称指示语和第二人称指示语只有指示用法吗？显然不是，第一人称、第二人称、第三人称指示词语都有指示和照应两种用法。例如：

①我和张明是中学同学，我们是很好的朋友。

②你和小张是同学，你们应该互相帮助。

③他来了。

例①第一人称指示语"我们"就指的是上文的"我和张明"，是第一人称的照应用法。例②中第二人称指示语"你们"指的就是上文的"你和小张",是第二人称的照应用法。例③中,说话人看着某人走进教室,对听话人说"他来了",听话人要理解"他"指谁,必须结合现实的语境,这是第三人称的指示用法。

指示词语的指示用法与照应用法有明显的区别。照应用法由于在上文之中已经预设了指称对象,所以一般只需要上下文语境。而指示用法则需要各种语境,除了语篇指示语,其他指示语的参照点往往都存在于语言之外的语境之中,要理解其具体所指,必须结合更大的语境。例如:

①现在我们一起去医院。

②那件衣服真难看!

③我饿了,那就是我说的话。

例①要理解时间指示语"现在",必须知道说话人说话的时间,要知道"我们"指谁,必须知道言语交际中都有哪些人。例②中,要理解地点指示语"那件"是哪件,可能需要知道说话人的手势。说话的时间、人物、手势这些要素都属于情景语境。例③的语篇指示语"那"就指的是上文的"我饿了"这句话,所以只需要上下文语境。

由于照应和指示一样都是指示词语需要依赖语境条件才能确定的功能,所以有的指示语既起照应作用,也起指示作用。例如:

我喜欢新疆,我刚从那边回来。

"那边"就是上文的新疆,这是照应用法,用"那边"说明说话人说话的地方不在新疆,这是指示用法。

2.非照应用法

①我想睡他三天三夜。

②你要想变革梨子,就得亲口尝一尝。

③他不停地做这做那。

例①中的"他"没有具体的所指对象,属于虚指。例②中的
"你",没有直接指向听话人或者本文的读者,可能包含了说话人和
听话人,也可能指其他人,属于泛指。例③中的"这""那"没有具体
的所指,也不以某一地点为参照。这三个例子都属于既非指示又
非照应的用法。

三、指示词语分类

(一)人称指示语

人称指示语指谈话双方用话语传递信息时的相互称呼或对间
接参与者的称呼。传统语法所指的人称代词系统是语用学上典型
的人称指示语。可分为三类:第一人称指示语、第二人称指示语、
第三人称指示语。

在对话过程中,由于交际双方会轮流担任说话人和听话人,因
此说话人和听话人在不停地发生变化,因此常会出现第一人称和
第二人称的转换,例如:

A:你吃饭了吗?

B:我吃了。

该例中,问话中 A 是说话人,B 是听话人,所以 A 称 B 为"你";
B 回答的时候,B 则变成了说话人,因此称自己为"我"。

以说话人为基础,来表达或理解人称,是交际的一条准则。如
果不注意这个准则,就会闹笑话。比如:

李军(在电话中):老师,李军生病了,因此他让我帮他向您请
假,今天不来上课了。

老师:好吧。你是谁?

李军：我的室友。

该例中，学生李军想冒充自己的室友，给老师打电话替自己请假，但却在慌乱中弄错了人称指示语，结果使自己撒谎的事情暴露。根据交际准则，应该回答："他的室友。"我们有时也会故意忽视这一交际规则，例如：

甲：你还我一百元钱。

乙：好，你还我一百元钱。

甲：是你还我一百元钱。

乙：对的呀！你说的就是你还我一百元钱。

乙显然在故意错用人称代词，可能是基于开玩笑的目的。

1.第一人称指示语

第一人称指示语，主要指说话人，可以单指，也可以复指。比如：英语的 I,me,mine,my,we,us,our,ours；汉语的我、我的、咱、人家、我们、咱们。

"我""咱"单指说话人，一般是确定的。"我们""咱们"用法比较复杂。"我们"和"咱们"有区别，一般来讲，第一人称复数形式的指示词语"咱们"为包括式（包括听话人），"我们"多为排除式（不包括听话人），也可为包括式（包括听话人）。"我们""咱们"的用法如下：

（1）包括说话人和听话人在内的双方或多方

①我们（咱们）都是从事教育行业的人，应该公开抵制那些不文明的行为。（包括听话人）

②您安心养病吧！等您病好了，咱们（我们）一块儿出去旅游。（包括听话人）

（2）包括说话人，但不包括听话人

您安心养病吧！我们过几天再来看您。（不包括听话人）

（3）仅指听话人一方，不包括说话人一方

①主持人：你管片的居民都怕不怕你？

观众二：我没把自己当成一个警察就老去管人家，愿意跟老百姓处在一块儿。

主持人：（对观众三）民警的工作很辛苦，咱们实话实说，你有没有怕他们的时候？

观众三：怕倒不怕，因为我们这个岁数的人他们都尊重，没什么怕的……

（《实话实说》1996 年 10 月）

②白发苍苍的老校长对全校同学说："咱们年轻人，就应该努力学习，将来做一个对国家有用的人。"

例①中的"咱们"单指观众三，不包括主持人自己和现场的其他参与者，仅从指示关系讲，咱们＝你。语用上，减轻言语行为驱使性，更亲切，具有语用移情功能。例②中的"咱们"指在场的同学们，不包括说话人"老校长"在内，"咱们"相当于"你们"。用"咱们"，好像老校长也是年轻人中的一员，可以拉近距离，显得亲切。

（4）第一人称复数借指第一人称单数

①在这篇论文中，我们将介绍一种新的教学方法，这种教学方法是我们多年从事外语教学的经验总结。（说话人本人是该论文的唯一作者）

②我们一不小心，把杯子打破了。（说话人是唯一打破杯子的人）

例①这种由复数第一人称代替单数第一人称来指说话人自己

71

的情况,大多见于说话人谈到自己在某方面所取得的成就时,这显然是说话人谦虚的表现,似乎在说他所取得的成就不完全归功于他个人。例②不恰当,在讲自己的缺点和不足时,就不能用"我们"来代替"我",否则就会显得暧昧不清,有推脱责任的嫌疑。

(5)习惯性用法、模糊性指示(非指示性用法)

①我们书上也把它归为动词。

②我们这句话用把字句怎么说?

很多对话中,发话者自身可能并没有特意要说明"我们"的具体所指,或是并不能确定"我们"所指的一方具体是谁,不能被识别或没有被明确识别的必要。发话者只是出于习惯性的表达方式,在话语中自然流露出"我们"这一人称指示标志。我们可以认为这里的"我们"是教师的习惯性表达方式的一种,而不把它归于前面的几种分类。在汉语课堂中,这类情况其实并不在少数,教师在授课过程中,使用"我们"这一表述,创造较为平等的话语环境,不仅使自己的话语态度显得亲切、自然,而且会在无形中拉近与学生的距离,便于师生之间进一步的交流和互动。

2.第二人称指示语

第二人称指示语,主要指听话人,可以单指,也可以复指。比如:英语的 you,your,yours;汉语中的你、您、你们。

第二人称存在一些特殊用法:

(1)第二人称借指第一人称

在汉语中,有时"你"可以借指第一人称,相当于"我"。例如:

①这个人性格内向,不善言辞,你问他十句,他才回答你一句。

②我这个学生上课不听讲,最爱调皮捣蛋,有时真让你哭笑不得。

（2）第二人称可以泛指任何人（非指示性用法）

第二人称指示语"你"在一些情况下可以泛指任何听话者或不在现场的其他人，当然也包括说话者本身。例如：

①你想在事业上取得成功，你就得好好学习，下一番苦功夫。

②困难就像弹簧，你强他就弱，你弱他就强。

例①中"你"指代的是想在事业上取得成功的任何一个人。例②中"你"指代面对困难的任何人。

3.第三人称指示语

第三人称指示语，主要指说话人和听话人以外的第三者或其他人，在言语活动中，一般不是谈话的参加者。可以单指，也可以复指。比如英语的he,him,she,her,it,his,they,them,their；汉语中的他、她、它、那个人、有人、人家、他们、她们、它们、其他人、那些人、有些人。但在实际使用中，它们的所指关系却并非如此简单。

（1）第三人称指代第二人称

①老天爷你走眼呀，你瞎呀，要不是吾，这些家伙何时从娘肚子里拱出来？他们吃米谷，还没长成个人样，就烂肝烂肺，欺负吾娘崽呀！

（韩少功《爸爸爸》）

②偷了别人东西的人他别得意，我不会饶恕他的！

例①是丙崽的妈妈在儿子被欺负后当着欺负丙崽的孩子们说的话。欺负丙崽的孩子们是听话者，这里却用的是"他们"，而没有直接称呼"你们"。例②中的"他"实际就是指"你"。这种指桑骂槐的用法在汉语里很多，多是出于礼貌，委婉地向听话者表达自己的意见，有时也因为屈服于听话者的威严，不敢直接向其表达意见。

(2)第三人称借指第一人称

没做亏心事的人他不怕你。

"他"实际上指代的是"我",用"他"显得比较委婉,可以减少双方之间的冲突。

(3)第三人称泛指任何人(非指示性用法)

①不管是谁,只要是公民(依照法律被剥夺政治权利的人除外),他就有选举权。

②别管他是谁,只要有困难,我们就应该帮助他。

例①中"他"泛指任何公民。例②中他泛指任何有困难的人。

（二）时间指示语

时间指示语指交际时用话语传达的时间信息。一般以说话人说话的时间为参照点。比如:英语中的 now,tomorrow,next year,in the evening that time,those days 等;汉语中的此时、明天、未来、将来、从前、在那时、下周星期天、明年这个时候、有时等。如:

①现在请同学们打开书,翻到 21 页。

②现在是春天。

③我现在是北京大学的学生。

上面三例中的"现在"是典型的时间指示语,以说话人说话的时间为参照点,可以是说这句话的一瞬间,也可以是包括说话一瞬间在内的一段时间。

有的语言中,还有表示指示性时间的语法范畴:时。一般分为过去时、现在时、将来时,它是以说话人说话的时间为参照点,动作行为发生于说话之前叫过去,发生于说话之时为现在,发生于说话之后为将来。"时"是动词具有的语法范畴,与一般的时间指示语不同的地方是:"时"这个语法范畴是通过动词的词形变化来体现

动作行为发生的时间,而不是通过某个特定的词语或结构来体现。英语的动词,就有过去时、现在时、将来时。例如:

①He is writing a letter to his mother.

②He wrote a letter to his mother.

③He will write a letter to his mother.

这三句话中都没有出现表示时间的副词或短语,但是"write"采用了不同的词形变化,分别表示了不同的时间信息。例①表示:他现在正在给妈妈写信;例②表示:他以前给妈妈写过一封信;例③表示:他打算将来给妈妈写一封信。

1.指示性时间和非指示性时间

时间本来是一个比较抽象的概念,为了表示时间,人们总是人为地选择一些参照点,作为时间的依据。比如现在通行的公元纪年体系,是以耶稣诞生之年作为纪年的开始。耶稣诞生之后的日期,称为公元,耶稣诞生之前,称为公元前。中国常用年号纪年,往往以帝王即位的时间为参照点,如康熙元年。我们也可以重大的政治、历史事件为参照点,如改革开放后、二战前、西安事变之后等。此外,食品、药品的保质期,其参照点往往是生产时间。在言语交际中,人们常常以说话人说话的时间为参照点。

人们常把时间分为历法时间和非历法时间。历法时间指的是有固定起点和终点的时间,一大段时间由一定数量的小段时间来组成,例如年、月、季度、星期等。一个星期由七天(星期一、星期二、星期三直到星期天)组成,每一天都有固定的命名,英语习惯把"星期天"作为一周的第一天,而汉语习惯把"星期一"作为一周的第一天,星期六、星期天属于周末。非历法时间,没有固定的起点和终点。例如"现在"就是一种非历法时间,它到底指什么时候到什么时候,无法确定。

指示性时间和非指示性时间有明显的区别。指示性时间一般以说话人说话的时间为参照点，其参照点存在于具体的交际情景之中，所以离开了语境，其表达的确切时间就无法确定，比如"明天同一时间操场集合"，如果不知道说话人说话的时间就无法知道到底什么时候操场集合。而非指示性时间，不需要语境，其表达的时间也是明确的，比如"1979 年 3 月 25 日，他出生于上海"，1979 年 3 月 25 日，不需要语境其表达的时间都是明确的，而且也不会随着语境的改变而改变。指示性时间具有循环性，比如：明天，随着说话时间的改变，有无数个明天。而非指示性时间往往是唯一的，不具有循环性，如康熙十一年。

历法时间和非历法时间并不是一一对等的，非历法时间往往是指示时间，比如刚才、现在。但是历法时间并不一定就是非指示性时间，比如：2 月，到底指哪一年的 2 月并不明确。在话语中"2 月，我去了一趟北京"中：如果说话人在 2 月或 2 月以后说的，如 3 月 4 月，那么 2 月往往指说话人说话的那一年的 2 月；如果说话人在 1 月说的，往往指去年的 2 月。2 月虽然是历法时间，但是到底指哪一年的 2 月，与说话人说话的时间密切相关，所以是指示性时间。

2.编码时间和接收时间

讨论时间指示语需要区分两个时间概念：编码时间（coding time，简称 CT）和接收时间（receiving time，简称 RT）。编码时间指的是说话人将其要传递的信息进行编码的时间，即说话人说话的时间。接收时间指的是听话人收到信息的时间，即听话人听到话语的时间。一般情况下，面对面的交谈中，两种时间几乎是一致的，其中的细小差别可以忽略不计。所以日常交际中，我们的参照时间既是编码时间,也是接收时间。但是在一些特殊的情况下,例如书信、预先录制的电视节目等,编码时间和接收时间会出现比较大的差异。如果 A 在出门前给 B 留下一张纸条:"等我一下,我半个小时以后回来。"如果 A 在纸条中没有落款时间,B 在看到纸条时就会产生时间误差,这样就容易造成误解。所以在编码时间和接收时间产生较大差距的时候,一定要让听话人明确知道时间指示语的参照点到底是编码时间还是接收时间。在日常生活中,人们根据具体情况选择参照点,可以是编码时间,也可以是接收时间。例如:

①本节目录制于今天,五月一日,定于下星期四播放。

②我现在是不是特别符合"音容宛在"这个成语?

例①中的"今天"是以节目录制的时间,即编码时间为参照点。例②是电影《滚蛋吧!肿瘤君》中的电影台词,白百何饰演的主人公熊顿得了癌症,她是一个积极乐观的人,在得知自己不久于人世时,在去世前录了一段视频,准备在自己的葬礼上播放。这是视频中的一句话,显然这里的"现在"是以接收时间为参照点。

3.时间指示语的优先使用现象

在言语活动中,人们在谈及时间时,通常习惯于使用指示词语来表示。指示词语与其他有相同所指的非指示词语,人们往往会优先选用指示词语。例如:说话人说话的时间是 2017 年 10 月 23 日,通常情况下,说话人会说"今天天晴了",而不会说"2017 年 7 月 23 日,天晴了";如果采用后一种说法,听话人直觉的反应是 2017 年 7 月 23 日不是说话人说话的那天。

在所指时间相同的情况下,如果有选择的余地,说话人一般会选择时间指示语,而不用非指示性时间。例如,我们更倾向于说

"两天后音乐厅将有一场音乐会",而不说"2016 年 1 月 25 日音乐厅将有一场音乐会"。如果我们选择后者,往往是有原因的。假如说话的时间离 2016 年 1 月 25 日比较远,我们就不会说"四个月零七天后音乐厅将有一场音乐会",而会选择说"2016 年 1 月 25 日音乐厅将有一场音乐会"。说话时间与所表示时间距离的远近是影响时间指示语优先使用的重要因素,一般而言,距离越近,用时间指示语的可能性就越大。

语言风格也是影响时间指示语优先使用的重要因素。一般说来,语言越正式,越倾向于使用非指示性时间。语言往往有两种:口语形式和书面语形式。总的来说,书面语的语言风格比口语更为正式。所以,在很多书面语中,人们常常会使用非指示性词语。例如:

对本公示有异议者,请于 2016 年 6 月 28 日 17:00 前向文新学院党总支部办公室反映。

(某高校文新学院 2016 年 6 月 27 日发布的公示)

该例子中没有使用指示词语"明天"。

(三)地点指示语

地点指示语也称空间指示语(space deixis),指人们通过话语传递信息或实施言语行为的地点或空间位置。包括表示近指和远指的指示代词、地点指示结构(介宾短语、定中短语等)以及地点副词等。比如,英语中的 here,there,nearby,in this place,in that place,in those situations 等,以及汉语中的这里/这儿、那里/那儿、这个地方/那个地方、附近、周围、远处、在那遥远的地方等。

1.指示性的方位表达与非指示性的方位表达

人们在表示人或物的空间位置的时候,必须以其他人或物为参照点,才能确定某人或某物的相对位置,所以使用和理解地点指示语必须有一个明确的参照点。参照点是多种多样的,可以经度或纬度组成的坐标系统为参照点,如北京市市区的经纬度是北纬 39 度 4 分至 41 度 6 分,东经 115 度 7 分至 117 度 4 分,也可以太阳

参照点

升起或落下的地方为参照点,如东、西、南、北,例如他的房子朝南。用于方向参照时,可以直接确定方位。这两者的参照点是绝对的,所以以此为参照点表示的空间位置也是绝对的,一般不会随着语境的改变而改变,属于非指示性的。

　　我们也可以人或其他事物为参照点,它们指示的空间位置与人或物的位置和方向有关。当人或物的空间位置发生改变时,指示的空间位置也会跟着改变,所以其参照点是动态的、相对的。如:

　　①小明站在小张的左边,小红在小张的右边。

　　②树的前面有一辆汽车。

　　例①中如果参照点小张转个身,则小明和小红的方向完全改变,如果我们仍然使用同一句话表示空间位置,就可能造成使用上的错误。在例②中,如果 A、B 两人围着一棵树相对而立,面对 A 这一面的树下有一辆汽车,如果 A 作为观察者,会以自己为参照点,他会用例②的表述;如果以 B 为参照点,B 会表述为:树的后面有一辆汽车。

　　相对参照点,不一定都是指示性用法。地点指示语可以是介宾短语或定中短语,这类地点指示语会由于参照点不同,而产生歧义。其中有些用法是指示性用法,有些用法是非指示性用法。如:

　　①汽车后面有一只猫。

　　②张三在李四的左边。

例①中,可以汽车为参照点,即猫在汽车的尾部(可以在车里,也可以在车外),此用法是非指示性用法;也可以说话人为参照点,即汽车位于猫和说话人之间,此用法是指示性用法。例②中,可以是说话人观察角度的左边,此用法是指示性用法;也可以是以李四为参照点,此用法是非指示性用法。

综上,如果以言语活动的参与者为参照点,那么这种表达方式是指示性的,如果以其他人、物或者固定的空间位置为参照点,那么其表达方式是非指示性的。

2."这"和"那"的用法

(1)基本用法

以说话人所处的地点为参照点:这里(here)、这(this)一般是近指:靠近说话人的地方;那里(there)、那(that)一般是远指:远离说话人的地方。如:

①这位是我的班长,那位是我的姐姐。

②树的那一面挂了一幅画。

③以后你来这里找我吧。

④那儿的天气太热了。

"这位"是离说话人近的人,"那位"一般离说话人较远。"树的那一面"可以理解为离说话人较远的一面。"这里"指说话人说话的地方,"那儿"说明说话人说话的地方不在那儿。

(2)特殊用法:情感指示

有时用"这"和"那"都可以,两者没有明显的区别。用"这"体现与说话人情感上和心理距离的接近,用"那"体现与说话人情感上和心理距离的疏远。也就是说,说话人会根据自己的感觉来选择用近指还是远指。如果说话人觉得某事物与自己情感上较近,

就会选用"这",如果觉得情感上较远,就会选用"那"。莱昂斯称之为"情感指示"。例如:

①This / That is it!

②我不喜欢那种/这种气味。

③这/那是一次很成功的舞会。

④这个人/那个人是我的班主任。

3."来"和"去"的用法

(1)以说话人所处的地点为参照点

表示移动起点的,如"去""带去"等;表示移动终点的,如"来""带来"等。如:

①小张是12点回去的。

②小张是12点回来的。

例①中,强调起点,12点是出发的时间。例②中强调终点,12点是到达的时间。

(2)以听话人所处的地点为参照点

①甲:我在食堂等你,你快来。

乙:好,我就来。

②来了,来了。(有人敲门)

例①中,甲说"你快来",是以自己所处的地点食堂为参照点,但是乙的回答"我就来"的参照点,变成了听话人所处的地点。其实乙也可以回答"我就去"。只不过,回答"我就来"显得更为礼貌。例②中,说话人是离开自己现在所处的地方,向着听话人的方向移动,按常规应该用"去",用"来"显然是把参照点转移到听话人所处的地方。说话人自觉或不自觉地在利用指示词语,来缩短自己和听话人之间的心理距离,或者说是感情距离,以表示友好、亲近和礼貌。

（3）以说话人或听话人的住宅为参照点

①我来拜访你好几次,但你一次都不在那儿。

②上课的时候,老师对同学们说:"欢迎同学们来我家做客。"

例①中"那儿"说明说话人说话时不在听话人的家,所以"那儿"是地点指示语的常规用法,其参照点是说话人所处的地点,而"来"的用法较为特殊,其参照点已经转移为听话人的住宅。例②中,"来"的参照点为说话人的住宅。把参照点变为说话人或听话人的住宅,也是为了缩短和听话人之间的心理上的距离,显得更加礼貌。英语中的 come 和 go 也有类似的用法。

（四）语篇指示语

语篇指示语也称作话语指示语,指话语中或行文过程中选择恰当的词语或结构来传递话语或语篇中的某种指示信息。指示的信息往往是语篇的一个组成部分。英语和汉语都存在一定的语篇指示语,如英语的 the next paragraph,the last chapter,this,that,therefore,on the contrary 等,汉语中的如上所述、诸如此类、上文、我要讲的内容如下、这、那等都是语篇指示语。例如:

①我坚决反对,这就是我的观点。

②我无可奉告,那就是我要说的话。

例①中语篇指示语,"这"指的就是上文"我坚决反对"这句话;例②中语篇指示语"那"指的就是上文的"我无可奉告"这句话。语篇指示语指示的内容往往就包含在语篇之中,是语篇的一个组成部分。

1.分类

（1）借用时间指示语:上一段/下一段、前者/后者、前面那个/后面那个、上次/下次、前文/后文等。如:

①下面就是我要告诉你的事情。

②上一段我们主要讲了指示语的功能和作用。

(2)借用地点指示语:这、那、这一部分/那一部分、这些/那些、这个/那个等。如:

①我敢说你没有听过这个故事。

②那是我听到的最有意思的事情。

(3)用逻辑关系语:但是、因此、最后、总而言之、与此相反等。如:

①如上所述,我是不支持你辞职的。

②因此,我们每个人都应该好好把握自己的人生。

例①例②中的"如上所述""因此"体现了后面的语句与前面的话语是分总关系、因果关系。

2.语篇指示的语境

语篇指示与人称指示、时间指示、地点指示有明显的区别,人称指示、时间指示、地点指示这三类指示语的参照点存在于语言之外的语境之中,因此要知道这三类指示语具体的所指对象往往需要上下文语境之外的更大的语境:情景语境,甚至民族文化传统语境。而语篇指示的参照点则存在于语篇之中,所以一般只需要上下文语境。

①麻烦你把桌子搬出去。

②刚才,谁进来了?

③我刚从那边回来。

④美国攻打伊拉克是为了石油,这是很多人持有的观点。

例①中的"你"是人称指示语,要知道"你"指谁,我们必须知道谁是听话人。例②中,时间指示语"刚才"到底是什么时候,我们必须知道说话人说话的时间。例③"那边",表示说话时远离说话人所处的物体方位或空间位置,没有语境是较笼统而不明确的。如果它是听话人熟悉或可以想象出来的地点时,听话人就可以结合背景来理解,其地点所指就是明确无误的了,如抗战时来自解放区的地下工作者对敌占区的联络员说此语。例④语篇指示语"这"就指的是上文的"美国攻打伊拉克是为了石油"。

也有个别例外的情况。在某些特定的情况中,某一语篇指示语所指代的特定信息在其所属的话语或语篇中是找不到的,听话人往往需要具备一定的背景知识或交际双方共知的相关信息,才能获取该结构的话语指示信息。

雁冰兄:

示悉。写了一句话,作为题词,未知可用否?封面宜由兄写,或请沫若兄写,不宜要我写。

毛泽东

九月二十三日

(《毛泽东与文化名人》,《人民日报》海外版,2004 年 1 月 14 日)

"一句话",属于语篇指示语,指代语篇中的某一特定信息,在回信的上下文中没有直接把"一句话"的指示信息写出来。作为一般读者,难以知道或根据书信推断,因此需要相关背景。1949 年《人民文学》创刊,茅盾担任主编,写信给毛泽东,请他题词和题写刊名。毛泽东写了一句题词"希望有更多好作品出世",同时附上上面的回信。由此可见,信中的"一句话"指"希望有更多好作品出世"这句话。"一句话"到底指什么,由于交际双方是共知的,所以就不必在语篇中出现。

3.语篇指示与照应的区别

语篇指示与照应有相同之处,两者指称的对象,都会在上下文出现,所以一般都只需要结合上下文语境。如何来区分两者呢?语篇指示指称的是话语本身,比如:一个词、一句话或几段话等。而照应用法所指的对象往往是非语言的。例如:

①There is an elephant in the picture,and spell it .(这幅画里有一头大象,你把它拼出来。)

②这是一头大象,它太大了。

例①中的 it 指的是 elephant 这个单词,所以 it 是语篇指示语。而例②中"它"指的就是上文的大象,指称的是动物,属于非语言的,是人称指示语。

语篇指示语可以指前,也可以指后,而照应只能指前。例如:

①美国攻打伊拉克是为了石油,这是很多人持有的观点。

②这是很多人持有的观点:美国攻打伊拉克是为了石油。

③你昨天看到的那个小伙子,我不认识他。

例①中的语篇指示语"这"指前面的"美国攻打伊拉克是为了石油"。例②中的语篇指示语"这"指后面的"美国攻打伊拉克是为了石油"。例③中的"他"与上文的"那个小伙子"所指的是同一对象。

(五)社交指示语

社交指示语指能反映出语言使用者身份和相对社会地位的词语或语言结构。具体说来,社交指示可以反映以下三个方面的情况:

A.言语交际参与者的身份

B.说话人和听话人之间相对的社会地位

C.说话人和所谈到的第三人之间相对的社会地位

社交指示的参照点是说话人的社会地位。比如英语中,在姓氏前加上 Mr、Mrs 或 Miss 以表示对听话人的尊敬或礼貌;汉语中表示尊称的"您"等指示语,以及"王老""刘师傅""王主任""张先生"等称呼语,都具有表现或调节说话人和听话人之间社交关系的功能,因而属于社交指示语。

1.敬语、谦语与称谓语

敬语、谦语是典型的社交指示语。汉语崇尚礼貌、谦让,所以会经常使用敬语和谦语。用"大人""阁下""先生""君"等尊称称呼听话人。说话人称呼自己用谦称,如"在下""小人""鄙人""不才""臣""下官""妾"等。称呼听话人的亲属用"令",如"令尊""令兄""令妹""令爱""令郎"等;称呼说话人辈分较高或年纪较大的亲戚用"家",如"家父""家母""家兄""家姐";称呼说话人辈分较低或年纪较小的亲戚用"舍",如"舍弟""舍妹""舍侄"等;甚至称呼自己的妻子为"内人""贱内""拙荆""荆室"等。此外,说话人在称呼听话人或其他人时,常冠以"贤""贵""尊""老"等带有褒义的语素,如"贤弟"、"贵姓"(听话人的姓氏)、"尊夫人"(他人之母亲或妻子)。而称呼说话人自己,则常冠以"寒""贫""愚"等带有贬义色彩的语素,如"寒舍"(说话人自己的家)、"贫道"(道士对自己的称呼)、"愚见"(自己的意见)。汉语的敬称、谦称的言语行为与中国文化有密切的关系。以孔孟思想为代表的儒家文化是中国传统文化的主流,儒家提倡"仁",仁者爱人,即尊敬他人。再加上中国古代社会等级森严,讲求尊卑分明、贵贱有序,形成了"自卑而尊人"的民族心理特点。

汉语中有些称谓语也具有社交指示功能,比较典型的有李校长、张局长、王处长、韩总编、钱医生、王律师等。这类称谓语一般由"姓＋职务""姓＋职业"两部分构成,有的可以简称,如"张局长"简称为"张局","王律师"简称"王律"。这些职业或职务,一般都具有一定的社会地位或影响,因此用"姓＋职务"或"姓＋职业"来称呼听话人或其他人,可以显示出对他人的尊敬。此外,为了显示对别人的尊敬,也可以用"姓＋职称"或"姓＋学位"来称呼他人,如"王教授""李研究员""朱博士"。近些年来,"老师""师傅"这两个社交称谓语,用得比较普遍,是一种泛化的敬称。"老师"和"师傅"前可以加姓氏也可以不加姓氏。被称为"老师"的,大多数不是从事教育行业的,称呼者与说话人也没有师生关系。"老师"适用于比自己年纪大,又具有一定知识文化和社会地位的人,如白领、公务员。"师傅"一般是对有专业技能的工匠或从事体力劳动的人的一种敬称,比如可以称呼保安、车间的工人为师傅。

很多语言中都有敬称和谦称,比如朝鲜语有专门的"敬语"来反映交际参与者的社会地位差别。日语中也有比较丰富的敬称和谦称,如对别人儿子敬称为お息子さん,称呼自己的儿子用谦称うちのむすこ,这和汉语的"令郎"与"犬子"相类似。西方文化中,人们崇尚自由和平等,所以敬称和谦称要少得多。英语中,也有表示敬称的用语。如 Mr.Smith,Professor Brown,Dr.Harris,这一类用来称呼他人或称呼从事某一职业的人,表示尊敬。此外,英语中常称法官为 Your Honor(阁下),称呼总统为 Mr.President,这一类是只限于对某些具有特殊身份或地位的人的正式称呼。

2.语法形式和社交指示语

语法形式的社交指示语,在汉语中较典型的是"你"和"您",一般认为后者是前者的敬称。例如,下级对上级说:"李处长,请您走这边。"

汉语的部分人称指示语也具有社交指示功能。人称指示语的使用涉及单、复数问题,它们的使用受制于一定的语法约定。例如汉语中,第一人称的复数常用来借指第一人称单数,具有明显的社交指示功能。例如:

我们认为汉语中存在大量的敬称和谦称。

此例中的"我们"实际只指"我"。在学术论文中,陈述个人的观点应该避免使用"我"字,这几乎是一条不成文的规定,因为"我"以为如何如何,"我"认为如何如何,个人主观色彩过于强烈。用"我们",可以使文章尽量平和,兼有不敢居功的意思,是一种谦虚的表示。当然该对自己的观点负责或指出自己的不足时,就应该说"我"了,常见于专著的"前言"或"后记"中。例如:

我对自己的论文感到不是很满意,很多观点有待商榷。

第一人称复数也可借指听话人,具有明显的社交指示功能。例如:

①老师:"你要记住,我们是学生,我们的主要任务是学习。"

②教授:"我是第一次来咱们学校做报告。"

例①例②中的"我们""咱们"实际上指"你们"。人称指示语的这种特殊用法,具有语用移情的功能,可以缩短说话人和听话人之间的距离,使话语显得更加亲切。

欧洲许多语言有表示交谈者社会地位差别的两种第二人称单数形式,T/V差别。这种差别来源于拉丁语的 tu 和 Vos。公元 4 世纪,岁马帝国分裂为东罗马帝国和西罗马帝国两个部分。复数形式 Vos 尊称皇帝,后来 V(Vos)也用来尊称欧洲其他国家统治者及有权力的人。12—14 世纪,欧洲许多语言规定:有权势者对别人使用 T,别人对有权势者使用 V,T/V 都是第二人称单数。古英语中,曾经有 T/V 的差别,但是发展到现代英语中,已没有 T/V 的差别。

【思考练习三】

一、名词解释

1.指示词语　2.身势用法　3.象征用法　4.语篇指示语

5.社交指示语

二、填空题

1.指示词语的指示用法分为_____和_____两种。

2.指示词语是以_____为中心组织起来的。

3.指示词语分为_____、_____、_____、_____和_____五类。

三、简答题

1.指示语包括哪些主要类别?各类指示语在话语中传达什么样的指示信息?

2.指示词语的组织方式是怎样的?

3.举例说明"来"和"去"的内在指示意义。

4.照应和指示有何区别?

【拓展延伸】

[1]冉永平.指示语选择的语用视点、语用移情与离情[J].外语教学与研究,2007(5).

[2]陈辉,陈国华.人称指示视点的选择及其语用原则[J].当代语言学,2001(3).

[3]李成团.指示语选择的视点定位与身份构建[J].外语教学,2010
　　(5).

[4]吴一安.空间指示语与语言的主观性[J].外语教学与研究,2003
　　(6).

[5]李克,李淑康.修辞权威视域下的社会指示语研究[J].外国语,
　　2010(5).

[6]刘宇红.指示语的多元认知研究[J].外语学刊,2002(4).

第四章

言语行为理论

人的主要行为寄生在言说上。

——钱冠连《语言：人类最后的家园》

【章目要览】

言语行为理论由英国的哲学家奥斯汀提出,美国的哲学家塞尔补充、修正和发展。奥斯汀把一个完整的言语行为分为三个次行为:言内行为、言外行为、言后行为。塞尔把言语行为分为五类:断言类、指令类、承诺类、表态类、宣告类。塞尔认为言语行为应遵守构成性规则:命题内容规则、预备规则、真诚规则、本质规则。同时,塞尔还提出了间接言语行为理论,间接言语行为是通过实施一种言语行为的方式来间接地实施另一种言语行为,间接言语行为分为规约性间接言语行为和非规约性间接言语行为。

【相关知识】

与现代汉语、语言学概论、哲学中语言的本质、语言的功能这些知识相关。

【情景案例】

小张和小王是职场上的同事,不久前,两人产生了下面的讨论:

小张:我认为说话是最重要的,因为在面试的时候,你需要通过说来得到工作,说服别人给你工作的机会。

小王(立马反驳):会不会说话决定你能不能得到工作,会不会做事才决定了这份工作你能做多久。所以,会做事才是最重要的。

小张（不甘示弱）：会说话会沟通，自然团队协作就好，也很容易得到领导的赏识。

小王：会做事的人根本就不用说话，只需要把自己的成果拿出来，就能得到别人的认可。

……

其实不然，很多学者认为：说话本身就是一种行为——言语行为，言中有行，甚至在某种意义上言就是行，以言行事。依据言语行为理论的观点，"说话"和"做事"不是完全对立的，"说话"在某种程度上就是"做事"。言语行为理论到底是什么？人们如何以言行事？话语会产生什么样的效果？本章将详细阐述和说明。

【重点提示】

言语行为三分说；言语行为的分类；间接言语行为理论。

一、言语行为产生的背景

中国很早就有关于"言"与"行"的描述。在《论语》中孔子批评宰予："始吾于人也，听其言而信其行；今吾于人也，听其言而观其行。"《论语》中还有"君子欲讷于言而敏于行"，此外我们还有"言行一致"这个成语。在中国传统文化中，"言"和"行"往往被看成是对立的。

言语行为理论产生于西方。言语行为理论是由英国的哲学家奥斯汀（Austin）提出的。在奥斯汀之前曾有一些哲学家对言语行为有所涉及，其中思考得比较多的是马林诺夫斯基、弗雷格和维特根斯坦。1923 年，英国人类语言学家马林诺夫斯基从人类学的角度,通过观察一个民族的文化生活和风俗习惯来研究语言的功能,他认为与其把语言看成是"思想的信号",不如说它是"行为的方式"。哲学家弗雷格提出语言不仅可以用于描述,而且可以用于下

奥斯汀

定义、提问题、讲故事等等。说明弗雷格已经意识到语言功能的多样性。

20 世纪 30 年代,逻辑实证主义学说认为,一个句子如果不能证实其真假,这个句子是没有意义的。维特根斯坦反对逻辑实证主义的观点,提出了"意义就是使用"的口号,并主张话语只有联系各种活动或语言博弈才能解释清楚。

奥斯汀反对"逻辑—语义的真值条件是语言理解的中心"这一传统的观点。20 世纪 50 年代至 60 年代,奥斯汀在哈佛大学做了关于"如何以言行事"的系列讲座,于 1962 年出版了《如何以言行事》,对言语行为理论做出了较为详尽的阐述。

塞尔作为奥斯汀的学生,以其老师的理论为基础,对言语行为理论做了进一步的阐述和发展,提出了一套更为完善的言语行为理论。

塞尔

20 世纪,普通语言学出现结构主义和功能主义两大体系。而言语行为理论则从一个新的视角来研究语言,它关注的既不是语言自身的语法结构(如结构主义语言学),也不是语言潜在的系统(如系统功能语法),它关注的是人们以言行事,如何以言行事,以及产生的效果。

二、奥斯汀的言语行为理论

（一）施为句理论

长久以来,哲学家持有这样一种观点:陈述之言的作用要么是描述事物的状态,要么是陈述某一事实。陈述之言受逻辑—语义的真实条件制约,其所做的描述或陈述要么是真实的,要么是虚假的,二者必居其一。哲学家常常关注的是:如何验证某一陈述是真实或是虚假的,以及如何规定某一个真实的陈述必须满足的条件等。奥斯汀对哲学界这种观点提出了怀疑。他认为,有很多貌似陈述的假陈述句,它们根本不以记叙或传递有关事实的信息为目的,或者只是部分地以此为目的。有些句子说出来就是一种行为,有时没有必要,也无法区分句子的真假值。这些句子只有适当与不适当之分,没有真假之别。奥斯汀主张区分有真假之分的句子和有适当不适当之分的句子。前者叫表述句,后者叫施为句。

奥斯汀把话语分为两种不同的类别:表述句(Constative)和施为句(Performative)。

1.表述句

表述句是用来说明、报告或描绘事物的句子,即"有所述之言"的句子。目的在于以言指事、以言叙事。例如:

①前几天,我和小张去逛街了。

②西南大学位于重庆北碚。

③天空很蓝,蓝得像刚染过的布。

以上三个例子都是表述句。例①叙述了一件事,例②说明了西南大学所处的地点,例③描绘了天空的颜色。

表述句有一个特点,有真假值。前面三个句子,例②是真的,例①例③可以根据现实判断,要么为真要么为假。

2.施为句

施为句是用来完成某种行为的句子,即"有所为之言"的句子。目的是以言行事、以言施事。施为句无真假值,只有适当与否。例如:

①那件事是我不对,我道歉。

②我答应你等两天就回来。

③我任命你为你们班的班长。

例①通过说话完成了一个道歉行为,例②通过说话完成了一个承诺行为,例③通过说话完成了一个任命行为。这三个句子没有真假值,只有适当与否。

奥斯汀强调,施为句有些条件必须满足,否则就不能起到成功地实施行为的作用。保证施为句适当有三个条件。第一个条件是:说话者必须是具有实施某一行为条件的人,必须存在使话语这个行为产生的合适的对象。如上面例③,如果说话人"我"没有任命班长的资格,"我任命你为你们班的班长"这句话就是不适当的。第二个条件是:说话人必须具有诚意。如:道歉行为是非真诚的,就是不适当的。如果说话人想真诚地去履行自己的诺言,承诺行为才是适当的。第三个条件是:说话人对自己所说的话不能反悔。如果反悔,就不能有所作为。

奥斯汀把施为句分成两种,一种叫显性施为句,另一种叫隐性施为句。

(1)显性施为句

施为动词出现在字面上,并正在实施该动词的行为,这种施为句叫作显性施为句。凡是说出某一动词时，等于正在做该动词所指的行为，这个动词就是施为动词。例如，连长说："我命令你开火！"连长说出命令时正在命令，因此"命令"是施为动词。

①我警告你那条狗是危险的。

②我用一顿饭打赌明天会下雨。

③我在此感谢同学们对我的支持和帮助。

④我建议你最好别去。

上面例子中的"警告""打赌""感谢""建议"这些动词就是施为动词，说话人通过说话就同时完成了上述行为。

有施为动词的并不一定就是显性施为句，比如"昨天，我警告过你那条狗是危险的"，这句话显然是在陈述一件事，而说话人并没有通过说这句话完成一个警告行为。所以显性施为句有其判断标准：

A.句子在形式上是主动态陈述句；

B.必须有一个施为动词；

C.动词必须表示说话人现在做某事；

D.动词的主语必须为第一人称单数；

E.如果有间接宾语的话，该动词的间接宾语是"你"。

我们来看看下面的例子：

①他建议我再找领导谈谈。

②我曾经建议过你再找领导谈谈。

③我建议他再找领导谈谈。

④我在此建议你再找领导谈谈。

⑤我现在去公园玩。

上面的例子中，只有例④是显性施为句。例①主语是"他"，不是第一人称的"我"。例②表示的是过去,不是现在。例③间接宾语是"他",不是"你"。例⑤中没有施为动词。

（2）隐性施为句

施为动词没有出现在字面上也能表达"有所为之言"的句子是隐性施为句。例如:

①地上有水!

②重庆昨天下雨了。

③你被开除了。

例①有的时候相当于"我提醒你地上有水",通过说"地上有水"完成了一个提醒行为。例②在某些时候,相当于"我告诉你重庆昨天下雨了",通过说"重庆昨天下雨了"完成了一个告诉行为。例③有时相当于"我通知你,你被开除了",通过说这句话完成了一个通知行为。

隐性施为句,由于没有施为动词,要想理解完成了什么言语行为,必须依靠语境。如"把这支笔递给我",如果说话人的语气是强硬的、不容置疑的,表示的是命令行为;如果说话人语气较随和,表示的是请求行为。

奥斯汀的施为句理论存在明显的不足:施为句和表述句没有明确的区分标准。表述句在某种意义上也是一种施为句——隐性施为句。例如"地上有水",是在陈述一种情况,有真假值;但是它也可以是隐性施为句,表示一种提醒行为或告知行为。因为说一句话本身就构成了一个言语行为,如陈述、通知、建议、保证等,所以表述句也属于隐性施为句。后来奥斯汀意识到表述句、施为句之分是不科学的,放弃了施为句跟表述句相对立的二分理论,提出了言语行为三分说的新言语行为理论。但是奥斯汀提出的显性施为句还是比较有意义的，它有比较明确的判定标准，可以清楚地显示说话人完成了什么言语行为。

（二）言语行为三分说理论

奥斯汀把一个完整的言语行为，分为三个次行为，分别是言内行为、言外行为、言后行为。

1.言内行为

言内行为指说话人说出有意义的话语或句子的行为，即说话行为本身。奥斯汀把言内行为进一步分成发声行为、发音行为、表意行为。发声行为指的是发出声音的行为。发音行为指发出某种语言的语音，它跟某种特定语言的词汇和语法相符合。我们在说话的时候不仅仅是为了说话而说话，而是要表达一定意思的。表意行为指有明确的立意和所指的发音行为。

要注意三者之间的区别。首先，我们在完成一个发音行为的时候，一定会同时完成一个发声行为。但是发声行为并没有包含发音行为。例如：一只小猫发出"喵喵"的叫声，它发出了声音，但是猫的叫声并不属于某种语言当中的词，所以并没有完成发音行为。再比如人类也会发出一些非语言的声音，如感冒的咳嗽声、吃饭的咀嚼声，虽然有发声行为，但是由于发出的声音不和特定的语言相联系，是非语言的，所以没有完成发音行为。

还有，完成发音行为，并不一定完成表意行为。发声行为和发音行为是可以复制、模仿的，但是表意行为往往是主动的。例如妈妈唠唠叨叨地批评小明："小明你应该好好想一想，这样做对不对？学生的任务就是要好好学习，以后不要再贪玩了。"小明听后不以为然，根本不接受妈妈的批评，还模仿妈妈的口吻和语调，重复妈妈的话语。尽管模仿出来的话语仍然有意义，但是失去了"批评"

的用意。再比如,我们可以读出一个英语句子,但是却不懂它的意义。

所以,完成一个言内行为,大致相当于说出一个有意义的句子。它的功能是以言指事。例如:说话人说"明天别忘了带雨伞"就完成了言内行为,因为说话人说出了一个有意义的句子。

2.言外行为

言外行为指话说人在说话的过程中同时也会完成另一种行为,如警告、提醒、通知、请求、宣告、道歉等。言外行为的功能是以言行事。其往往代表了说话人的意图和目的,表明说话人为什么要这么说,或者说,它表达的是说话人的意义。奥斯汀把说话人的意义叫作"行事语力"(illocutionary force),简称"语力"。属于这种行为的话语都存在一定的语力,如命令、警告、通知等。例如,甲对乙说:"把笔递给我。"通过说这句话,甲完成了一个请求行为。再比如,张三问李四:"明天你去学校吗?"李四回答:"不去。"张三通过话语实施了一个提问行为,李四实施了答问行为。我们通过说话在完成以言表意行为的同时,也会完成以言行事行为,比如提出一个问题或回答一个问题,宣布一件事情或表明一种意图,进行保证或发出一个警告。

3.言后行为

言后行为指说话人说出一句话所产生的效果和影响。言后行为的功能是以言成事。说一句话通常会对听者、说者或者其他人的感情、思想或行为产生某些效果或影响。例如,通过说"大家安静一下",教室立马安静下来了,这就是言后行为。

在日常言语交际中,我们通过说话,往往就会同时完成这三种行为:言内行为、言外行为、言后行为。这三种行为是一个整体。

言内行为：发出声音，组成某种语言的句子的话语，表达意义，以言指事；言外行为：通过说话完成一种行为，代表说话人的意图和目的，具有一定的语力，以言行事；言后行为：通过说话对听话者、说话者或其他人所产生的结果，即说出一句话的事后效应。

例如，经理对小张说："你赶紧出去！"这里，经理发出声音，说出这个有意义的句子，这就是言内行为。经理通过这句话，实际上是对听话人发出一种命令，这是言外行为。听话人听到这句话，做出相应的反应，或许小张就从房间里出去了，或许小张听到这句话感到很生气，这是言后行为。

再如，甲对乙说："我一定会来。"甲把语言单位按规则排列，说出这句话，这是言内行为。甲对乙说句话，代表了甲对乙的一种承诺，这是言外行为。乙听到这句话，感到非常高兴，这是言后行为。

三、塞尔的言语行为理论

（一）言语行为的分类

在言内行为、言外行为、言后行为这三个环节中，语言学家和哲学家最关注的是言外行为，也称施事行为。一般所说的言语行为通常指的就是言外行为。奥斯汀把言语行为分为五类：裁决型（Verdictives），如宣判、估计；行使型（Exercitives），如任命、命令；承诺型（Commissives），如许诺、保证；行为型（Behavitives），如祝福、道歉；阐释型（Expositives），如陈述、认为。奥斯汀对言语行为的分类存在明显的缺陷：分类没有很明确的标准，不同类别之间存在重叠和交叉，而且主要是对施为动词进行了分类，而忽略了对言语行为进行分类。因此，塞尔提出了非常明确的分类标准并对言语行为进行了重新分类。

1.分类标准

塞尔认为言语行为在 12 个重要方面存在差别：①言语行为的目的有差别；②话语与客观世界的适切方向不同；③表现的心理状态不同；④言语行为目的的强弱程度不同；⑤说话人和听话人的社会地位不同；⑥说话人和听话人的利益不同；⑦与话语其他部分的连接有区别；⑧语力显示手段决定命题内容上有差别；⑨必须通过言语行为来实施的行为和不必通过言语行为来实施的行为之间有差别；⑩要求依赖超语言机制的社会规约来实施的行为和不要求依赖超语言机制的社会规约来实施的行为有差别；⑪相关的施事动词具有执行作用的行为或没有执行作用的行为的区别；⑫施为动词执行的方式和风格有差别。其中言语行为最重要的差别在前面三个方面，因此这三个方面也成了划分言语行为的标准。

（1）言语行为的目的

不同的言语行为其目的是不同的。命令、请求、建议的目的是要听话人做某事，而许诺、保证、威胁的目的是说话人自己将要做某事，描述的目的在于描述事情的过程或状态。

（2）适切方向

话语与客观世界适切方向不同，即话语的命题内容与客观世界的联系途径不一样。语言中有 4 种可能的适切方向：①话语适切客观世界，即先有客观事实，然后用言语行为的命题内容去适合客观世界，如陈述类；②客观世界适切话语，先有话语，然后改变客观世界来适合命题内容，如许诺或指令类；③双向适切，即改变客观世界来适合命题内容，并对改变了的客观世界加以描述，如宣告类；④没有适切方向，既不是话语适切客观世界，也不是客观世界适切话语，如表态类。

（3）心理状态

不同的言语行为表现的心理状态不同。陈述、断言表现的是确信，许诺、保证表现的是意欲，命令、请求表现的是愿望。说话人的这种心理状态实际上就是实现言语行为的真诚条件。

2.言语行为类别

（1）断言类（Assertives）

断言行为其意图、目的在于使说话人（在不同程度上）对某种事情的状况、被表达命题的真实性承担义务。陈述、描述都属于此类行为，都可用"真"或"假"进行判断。其适切方向是话语适切客观世界，所要表达的说话人的心理状态是相信。相信可以有程度上的差别，可以非常相信，如发誓，也可以是有点儿相信，如猜想。包括对事实的陈述、推断、抱怨等。

（2）指令类（Directives）

这类言语行为的目的是说话人试图要听话人去做某事，比如命令、请求、乞求等。这种试图可以是谦恭的，如邀请或建议；也可以是强烈的，如命令。提问是指令的次类，一般说话人要求听话人做出回答，即要求听话人实施回答的言语行为。其适切方向是客观世界适切话语，所表达的心理状态是愿望。命题内容是听话人将来做某事，包括命令、建议、请求、邀请等。

（3）承诺类（Commissives）

其施事行为目的是说话人（在不同程度上）对将要实施的某种行为承担义务，即保证去做某种未来的行为。适切方向是客观世界适切话语，所表达的心理状态是意欲。命题内容是说话人将要做某事，包括许诺、发誓、保证等。

（4）表态类（Expressives）

该类行为的目的是针对命题内容所指明的事情，表达某种心理状态。适切方向为零，即无适切方向，既不是话语适切客观世界，也不是客观世界适切话语。由于该类行为的目的是表达心理状态，所以说话人说话的心理状态是这类行为的主要特点，其表达的心理状态是各种各样的。命题内容指说话人或听话人有某种特性，包括道歉、祝贺、感谢、欢迎等。

（5）宣告类（Declarations）

该类行为是说话人通过某一话语进行某种宣告，引起命题内容与现实之间的关联。适切方向为双向适切：话语适切客观世界，客观世界又适切话语。宣告类中有一个小类叫阐述性宣告。它既有阐述类的特点：涉及说话人对真实性的判断，又有宣告类的绝对语势。例如球场上的裁判，当他判决：球出界了！除非裁判故意说谎，一般情况下裁判相信自己对事实的判断是正确的，才会做出这一宣告。所以，其心理状态是相信，而其他类宣告行为没有真诚条件或不表达任何心理状态。如"我给这艘船命名为'皇后号'"，命名行为发生时无真诚条件或不表达任何心理状态。因为只要说话人具有给船命名的资格和权力，不管你是愿意或不愿意，是真诚的还是不真诚的，通过说话就已完成了命名行为。宣告类行为的典型的特征是"言语行为的成功实施"，这就造成命题内容和现实存在之间的一致。如果我成功地实施任命你为班长的行为，那么你就是班长；如果我成功地实施解雇你的这个行为，那么你就被解雇了。一般而言，执行宣告类行为，要求有相应的超语言机制，要求说话人有执行行为的权力和地位，包括宣誓、命名、任命、提名、宣判等。

我们可以将塞尔言语行为的五种分类用如下表格表示：

言语行为	目的	适切方向	心理状态	典型代表
断言类	使说话人（在不同程度上）对某种事情的状况、被表达命题的真实性承担义务	话语适切客观世界	相信	陈述、推断、猜测等
指令类	说话人试图要听话人去做某事	客观世界适切话语	愿望	命令、建议、要求等
承诺类	说话人（在不同程度上）对将要实施的某种行为承担义务	客观世界适切话语	意欲	保证、许诺、威胁等
表态类	针对命题内容所指明的事情，表达某种心理状态	无	各种	道歉、感谢、欢迎等
宣告类	宣告，以引起命题内容与现实之间的关联	双向适切	相信或无	宣布、任命、宣判等

（二）对言语行为规则的概括

1.调节性规则和构成性规则

塞尔认为，人类的社会活动和行为要受规则的制约。言语行为属于人类行为科学的一部分，言语行为当然也是按照一定的规约来实施的，是一种规约行为。因此，言语行为有自身的特点并受规则的制约。塞尔区分两种规则:调节性规则和构成性规则。

调节性规则是独立于行为之外,对已存在的行为或活动进行调节的规则。例如,礼仪规则规定了人与人之间的关系,然而这些关系是独立于这些礼仪规则而存在的。换言之,不会因为没有这些礼仪规则,人际关系就不存在。没有礼仪规则或违反礼仪规则,人际关系依然存在,只不过会由于缺乏礼仪而显得不和谐。同样,没有交通规则的调节,交通依然存在,只不过车辆的运行会混乱,甚至容易出现交通事故。

构成性规则其本身规定并且创造出一种新的行为或活动,规则与行为活动同时产生,离开了构成性规则,相应的行为或活动就不存在了。这些行为或活动在逻辑上是依赖于规则而存在的。换句话说,如果构成性规则消失或被违反,这些行为或活动就不存在了。例如:赛车规则并不只是规定了赛车游戏,还创造了这种活动的可能性或定义这种活动。如果赛车规则不存在,赛车游戏也就不成其为赛车游戏了。

塞尔认为,调节性规则是外部的社会规则,对言语行为不起制约作用,而言语行为是根据构成性规则衍生出来的。因此,言语活动应该遵守构成性规则。如果我们要实施"许诺"这一言语行为,但是却违反了许诺行为的某一规则,那么我们实施的就不再是许诺这一言语行为,而可能变成了其他言语行为,如请求、命令。

2.以许诺为例的言语行为规则

塞尔以"许诺"这一言语行为为例,制定了其具体的构成性规则。他认为,要使一个"允诺"的行为成立,必须满足以下条件:

(1)得到正常的输入和输出条件。

"输出"指清楚、明了的讲话,"输入"则指理解,即指双方(说话者和听话者)都有使用同一语言的能力,都清楚对方在做什么。他们不存在聋或哑的障碍,也排除演戏或开玩笑的形式。

(2)说话者的命题行为是明确的,即说话人通过话语表达一个命题。

表达命题是绝大多数的言语行为都必须满足的条件,这一条件旨在把命题从整个言语行为中抽离出来,以便我们能专注于"许诺"这一言语行为的特点上。

(3)表达命题时,说话人预言他本人将来的一个行为。

做出许诺涉及的只能是将来的行为,我们只能许诺将来做某事,不能许诺过去做某事,而且这一将来的行为只能是说话人去做,不能是其他人去做,否则说话人便不是在许诺了。

(4)说话人知道听话人希望他这样做。

标准的许诺往往是符合听话人意愿的,说话人也相信他所要做的事是符合听话人意愿的。这就把许诺和威胁这一言语行为区别开来。许诺要去做的事是听话人想要他去做的,而威胁是说话人将要做对听话人不利的事,所以往往是听话人不希望说话人去做的事。如果一位老师对懒惰的学生说:"如果你再不交作业,我保证你期末考试不及格。"这句话不是许诺,而是一个实实在在的威胁。

(5)说话人和听话人都不认为在事件的正常过程中说话人会实施该行为。

许诺别人要做的事应该是我们通常情况下不做的,但为了听话人的利益而特意去做的事。如果是说话人经常做的事情,就不必许诺。如果一位丈夫对妻子许诺:"今晚我一定早点回来。"说明丈夫经常回来得很晚。

（6）说话者打算做这件事。

标准的许诺应该是真诚的。真诚许诺与非真诚许诺的区别在于：真诚许诺中，说话人打算做许诺之事，而非真诚许诺中，说话人没有诚意而且并不打算做该事。

（7）说话者想用这句话使自己承担做某事的责任。

许诺这一言语行为的特征是：说话人通过实施一定行为来履行一定的义务。这一条件把许诺行为和其他言语行为区别开来。此条件强调了说话人的意图和打算。说话人明白，通过说话就会把自己置于做某一件事的义务之下。所以，说话人抱有意图和打算时，也会做出许诺行为。例如：一个男人想娶一个女人，就会做出要娶一个女人的许诺。

（8）说话者想让听话者知道他说这句话会使他自己承担某种责任；说话者想让听话人通过对他的话语意义的理解来知道这一点。

说话人说话总是为了达到一定的效果，为了对听话人产生他所期望的效果，他要使听话人认识到他的意图，为此听话人必须具有理解所使用语言的语义的能力，这样他才能领会说话人的意图。

（9）当（1）—（8）条件得到满足时，说话者和听话者使用的话语的语义规则承认说话人的话是正确的、真诚的。

上面的许诺行为，塞尔提出了九条规则，其中（1）、（2）、（8）、（9）条件可以用于一般的言语行为，而不是专门用于"许诺"的，条件（3）到（7）则对应于"许诺"。

3.具有普遍意义的言语行为规则

塞尔从对应许诺的（3）到（7）这几条规则中归纳出四条规则。这四条规则也是适合一切言语行为得以顺利实施的四种有效条

件,它们分别是:

(1)命题内容规则

规定话语命题内容的意义。如:许诺,若谈到说话人将要实施的行为,则源于命题内容条件(3)。

(2)预备规则

规定实施言语行为的前提条件。如:许诺,说话人相信他要实施的行为是听话人所希望的行为,而这行为是说话人在通常情况下不做的。预备规则源于预备条件(4)和(5)。

(3)真诚规则

把言语行为和说话人的意图联系起来,规定保证言语行为真诚地得到实施的条件。如:许诺,说话人打算真心诚意地实施某行为。真诚规则源于真诚条件(6)。

(4)本质规则

规定言语行为按照规约当作某一目的的条件。如:许诺,说话人承担起实施某一行为的义务。本质规则源于必要条件(7)。

以上四条规则是成功地实施某一言语行为必须要满足的条件,同时也是一套制约实施言语行为的使用规则和言语行为的构成规则。这四条规则为我们研究言语行为提供了分析工具和解释模式,通过这些规则我们可以区分各种言语行为。

比如当说话人想通过说话来实施"请求"这一行为时,他应该遵守以下四条规则:

(1)命题内容规则

其命题内容是听话人将来的行为或动作。

(2)预备规则

①说话人相信听话人能做这件事。②说话人和听话人都不认为在正常事态的进程中,听话人会做这件事。

（3）真诚规则

说话人真心实意地想要听话人做这件事。

（4）本质规则

说话人试图要听话人实施该行为。

"命令"和"请求"都属于指令类的言语行为。但两者之间还是有一定的区别，因此在这四条规则中也会有所不同。以下是"命令"这一言语行为相应的规则：

（1）命题内容规则

其命题内容是听话人将来的行为或动作。

（2）预备规则

①说话人相信听话人能做这件事。②说话人和听话人都不认为在正常事态的进程中，听话人会做这件事。③说话人的权威高于听话人。

（3）真诚规则

说话人想使命令行为得以实施。

（4）本质规则

说话人通过他所具有的权威试图使听话人实施该行为。

（三）间接言语行为

1.什么是间接言语行为

塞尔对言语行为理论的发展，还有一个非常重要的贡献，即提出了间接言语行为理论。1975 年，塞尔在对言语行为进行分类时发现，并不是所有的言语行为都是通过其字面意义来表达说话人意图的。例如："能把钢笔递给我吗?"这句话，从字面上是一种询问，但实际上是一种请求行为。间接言语行为就是通过实施一种言语行为的方式来间接地实施另一种言语行为。再比如，甲到乙家做客,甲看着开着的空调说:"好冷!"表面上是感叹自己觉得冷,实际是请求乙关掉空调。

塞尔的间接言语行为理论基于以下假设:

(1)显性施为句可以根据施为动词看出说话人的施为用意。

(2)多数句子是隐性施为句,陈述句、疑问句、祈使句都有各自的功能,分别表示"陈述"言语行为、"疑问"言语行为、"命令"言语行为。

(3)句子本身表达的言语行为称为"字面语力",在"字面语力"的基础上推导出来的语力称为"施事语力",即间接语力。

(4)间接言语行为分为规约性间接言语行为和非规约性间接言语行为。

间接言语行为有两种言语行为,塞尔把表达说话人真正目的和意图的言外行为叫"首要施事行为",而字面的言外行为叫作"次要施事行为"。次要施事行为与字面语力相吻合,首要施事行为其间接语力是从字面语力推导出来的。例如:"可以帮我抬一下桌子吗?"通过询问表达请求,次要施事行为是询问,首要施事行为是请求,"询问"是手段,"请求"才是说话人的目的和意图。

2.间接言语行为的分类

(1)规约性间接言语行为

言外之力已固定在语言形式中,被人们普遍接受,交际双方可能并未意识到话语的字面意义,这种间接言语行为就叫作规约性间接言语行为。我们往往根据句子的句法形式,按习惯就可以立即推导出来。如:

能不能把垃圾放远一点?——请你把垃圾放远一点。(通过询问表达请求)

安静一点好吗？——请安静一点。（通过询问表达请求）

我希望你帮我抬一下桌子。——请帮我抬一下桌子。（通过陈述表达请求）

我想知道你为什么来晚了。——你为什么来晚了。（通过陈述表达询问）

人们为什么要使用间接言语行为？一个非常重要的原因是为了礼貌。同样的请求行为，直接使用祈使句，会增加语言的驱使性和命令性，而使用疑问句则显得更加委婉。当然，采取哪种方式更恰当，也要看说话人和听话人之间的关系，如果是非常亲密的朋友之间，用询问的方式来表达请求，反而显得生分和疏离。

（2）非规约性间接言语行为

非规约性间接言语行为，指依靠语境和说话双方的共知信息来推导的间接言语行为。如：

A:逛街去吗？

B:昨天已经去过了。

A 的用意明显是想邀请 B 一起去逛街；而乙并没有直接回答说"去"还是"不去"，而是告诉对方一个事实"昨天已经去过了"。通过该话语，乙间接向对方表达了拒绝的用意。B 的话语属于非规约性间接言语行为，必须要依靠上下文语境，我们才能推导出说话人的真正意图和目的:拒绝。

推导非规约性间接言语行为，需要经过听话人的一系列的努力。交际双方共同具有的背景信息（包括语言和非语言的）、合作原则、听话人的推理能力以及言语行为理论是推导非规约性间接言语行为的必备条件。如：

甲:今晚一起去看电影。

乙:明天还有考试。

甲向乙发出邀请,一起去看电影,但乙的回答是:明天还有考试。两者在字面上是没有联系的,假定乙在会话中是合作的,说明乙想传递会话含义。根据背景知识,考试前一般要复习或休息,就不能去看电影。由此推导出会话含义是:不去看电影。从言语行为理论的角度看,其代表的言语行为是拒绝。

非规约性间接言语行为较为复杂,具有不确定性。非规约性间接言语行为在不同的语境条件下,可能表示不同的言语行为,传递不同的语用用意,如"这儿的工资太低了"。

①"真不想在这儿干了,这儿的工资太低了。"(通过陈述表达抱怨)

②张:我想到你们单位工作。

　　王:这儿的工资太低了。(通过陈述表达建议,建议不要来)

3.间接指令的类别和原因

在间接言语行为中,塞尔比较关注间接指令的研究。当说话人想让别人为自己做某事时,往往会非常礼貌。如果说话人用直接言语行为,即采用祈使句或显性施为句,则显得冒昧、唐突,听话人可能会不买他的账。塞尔把间接指令归纳为六种类型,并列出了常见的形式:

第一类,涉及听话人实施某种行为能力的句子:

Can you pass the salt?(你能把盐递给我吗?)

Could you be a little more quiet?(你能安静一点吗?)

Are you able to reach the book on the top shelf?(你能够到书架顶部的那本书吗?)

第二类,涉及说话人希望听话人实施某种行为的句子:

I would like you to go now.（我希望你现在就走。）

I want you to do this for me，Henry.（亨瑞，我希望你帮我做这件事。）

I would/should appreciate it if you would/could do it for me.（如果你能帮我做这件事，我将十分感激。）

I hope you'll do it.（我希望你去做。）

第三类，涉及听话人实施某种行为的句子：

Officers will henceforth wear ties at dinner.（从此以后，官员们在吃晚餐时都将戴领带。）

Would you kindly get off my foot？（你能把脚从我脚上移走吗？）

Aren't you going to eat your cereal？（你不打算吃燕麦粥吗？）

第四类，涉及听话人实施某种行为的意愿的句子：

Would you be willing to write a letter of recommendation for me？（你愿意帮我写一封推荐信吗？）

Would you mind not making so much noise？（你介意不要如此吵闹吗？）

Would it be convenient for you to come on Wednesday？（星期三来，你觉得方便吗？）

第五类，涉及实施某种行为的理由的句子：

You ought to be more polite to your mother.（你应该对你的妈妈更礼貌一些。）

Why not stop here？（为什么不停在这儿？）

It wouldn't hurt if you left now.（现在离开就不会受到伤害。）

第六类，把上述形式中的一种嵌入另一种中的句子，以及在上述一种形式中嵌入一个具有明确表指令的施事动词的句子：

Would you mind awfully if I asked you if you could write me a letter of recommendation?（你是否会很介意我要求你帮我写一封推荐信?）

Would it be too much if I suggested that you could possibly make a little less noise?（如果我建议你们尽可能地减少噪音,是不是太强人所难了?）

I hope you won't mind if I ask you if you could leave us alone.（我希望你不会介意,如果我要求你放过我们。）

塞尔对间接指令的分类没有非常明确的标准。很多语言学家对间接指令做了深入的研究。他们发现,间接指令所涉及的因素主要有三个：说话人（发出指令者）、听话人（指令的对象）和说话人想要听话人实施的行为。我们可以分别以这三个因素为出发点去实施间接指令。从句式的角度看,实施间接指令的句子,都不能使用祈使句,因为用祈使句就是直接的。从说话人出发,只能使用陈述句和感叹句,疑问句也不能用,因为从说话人出发是从说话人的意愿出发,而说话人自己有什么意愿,自己很清楚,不必问,问了反而奇怪,如"我希望你帮我抬一下桌子吗?"如果以听话人为出发点,则可以使用陈述句、疑问句、感叹句,可以陈述听话人做某事的能力或意愿,也可以对此提出疑问,甚至发出感叹。如果以动作行为为出发点,则可以使用陈述句、疑问句、感叹句,可以陈述做某事的理由,询问做某事的理由,感叹做某事的理由。从动作行为出发的疑问句,需要注意的是：询问的理由必须在字面上,否则就成了真的疑问句了,而这里论说的是假疑问句真指令句。

以请人帮忙抬桌子为例,间接指令实施的方式可以有以下几种形式：

（1）以说话人为出发点

A.陈述意愿　我希望你帮我抬一下桌子。

B.感叹意愿　我多希望你帮我抬一下桌子呀！

（2）以听话人为出发点

A.陈述能力　你能帮我抬一下桌子的。

B.询问能力　你能帮我抬一下桌子吗？

C.感叹能力　你能帮我抬桌子，真是太好了！

D.陈述意愿　你愿意帮抬一下桌子的。

E.询问意愿　你愿意帮我抬一下桌子吗？

F.感叹意愿　你愿意帮我抬桌子，真是太好了！

（3）以动作行为为出发点

A.陈述理由　桌子有点儿重。

B.询问理由　桌子怎么这么重呢？

C.感叹理由　这桌子好重啊！

人们在交际中常常使用间接指令，究其原因，是为了礼貌。因为当我们有求于人时，绝不能颐指气使地对别人说话，这个时候间接指令是最恰当的方式。那么，为什么间接指令会让人感觉到礼貌呢？因为施行间接指令的句子具有双重功能。如"我希望我抬一下桌子"这句话具有陈述和请求功能，"你能帮我抬一下桌子吗"这句话具有询问和请求功能。其请求指令功能是隐藏在另一功能后面的，假如听话人不想接受请求或指令，他可以对说话人陈述背后的请求不做理睬，只就字面的功能作答。这样，间接请求指令句实际为听话人留了退路，因而显得有礼貌。例如，当说话人说："桌子有点重。"借此想请对方帮抬，如果听话人不想帮说话人抬桌子,他可以就字面功能做出回答:"是的,是有点重。"这样,双方都不会太丢面子。

【思考练习四】

一、名词解释

1.施为句　2.言语行为三分说　3.构成性规则　4.间接言语行为

5.非规约性间接言语行为

二、填空题

1.言语行为理论由英国的哲学家_____提出,由美国的哲学家_____进行了完善和发展。

2.奥斯汀把一个完整的言语行为分为_____、_____和_____三个次行为。

3.奥斯汀把话语分为_____句和_____句。

4.塞尔把言语行为分为_____、_____、_____、_____和_____五大类。

5.塞尔把社会规则分为_____和_____两类。言语行为应该遵守_____规则。

6.言语行为规则分为_____、_____、_____和_____四种规则。

7.间接言语行为分类_____和_____两类。

三、简答题

1.什么是施为句和施为动词?请列举英语和汉语中常见的施为动词。

2.塞尔又把施事行为分为哪五大类?其分类标准是什么?

3.举例说明言语行为应遵守哪些构成性规则?

4.什么是规约性间接言语行为和非规约性间接言语行为？两者有
　何区别？

5.为什么人们会经常使用间接指令？

四、分析下列话语的字面语力和间接语力。

1.甲：身上带有多的钱吗？

　乙：今天的天气真好。

2.甲：我觉得菜有点儿淡。

　乙：盐放在柜子顶上，我够不着。

3.你能载我一程吗？

4.你怎么就不会说句人话？

5.我想找个人一起去公园玩。

【拓展延伸】

[1]付习涛.言语行为理论研究综述[J].求索,2004(6).

[2]赵冬梅.奥斯汀言语行为理论探析[D].哈尔滨:黑龙江大
　学,2012.

[3]项成东.言语行为理论在会话分析中的运用及存在的问题[J].
　外语与外语教学,2006(3).

[4]吴延平.奥斯汀和塞尔的言语行为理论探究[J].吉林师范大学
　学报(人文社会科学版),2007(4).

[5]冯志伟.言语行为理论和会话智能代理[J].外国语,2014(1).

[6]李祥.指令言语行为语用分类特征的分析[D].北京:北京外国语
　大学,2017.

第五章

语用原则

合作精神是交际活动中的一个必要条件，礼貌态度则是在此基础之上的进一步要求。

——王希杰《修辞学通论》

【章目要览】

1938 年,美国哲学家莫里斯首先提出"语用学"这个术语,并粗略指明了语用学研究的对象和范围。其后,语用学研究取得了一系列重大进展,诞生了很多重要理论,不断丰富和充实着语用学的理论基础。其中,美国语言学家格赖斯提出的"会话含义"理论是语用学的核心内容,在言语交际中起着非常重要的作用。其他重要理论还有:列文森的新格赖斯会话含义理论,即"列文森三原则";徐盛桓的新格赖斯会话含义理论的语用推理机制;布朗和列文森的礼貌理论;利奇的礼貌原则;顾曰国的礼貌准则;索振羽的得体原则;威尔逊和斯波伯的关联理论。

【相关知识】

学习本章之前,需要了解语用学的产生、发展、性质、内容和研究方法,并充分认识到语用学对言语交际所起的指导作用。

【情景案例】

一位病人去医院看牙。医生说:"天啊! 你的牙洞是我见过最大的! 最大的!"病人不高兴地说:"你没有必要说两遍吧。"医生回答:"我没有! 你听到的那是回声。"

在这个故事中,医生的回答明显违反了格赖斯所提出的"合作原则"里的质准则,因为他的回答不符合事实。但出于礼貌,他又不得不这样回答,这样既挽回了他自己的面子,又不会伤害病人,可谓一举两得。

【重点提示】

会话含义理论；新格赖斯会话含义理论。

一、格赖斯的合作原则及会话含义理论

1967 年，美国哲学家、加州大学教授格赖斯（Grice）在哈佛大学作了题为"逻辑与会话"的演讲，演讲中提出了"合作原则"（cooperation principle）和"会话含义"理论，他的理论说明了从人们的会话中可以总结出什么样的原则和准则，以及如何依靠这些原则和准则来传递、接收话语信息。

格赖斯

（一）合作原则

1.什么是合作原则

格赖斯在"逻辑与会话"演讲中指出，在一般情况下，人们的言语交际总是互相关联的。为了保证交际的顺利进行，说话人和听话人总是互相配合的，双方共同遵守着一些基本的原则，尤其是"合作原则"，即交际双方都有着一个或多个共同的目的或方向，在交谈过程中，不适合谈话目的或方向的话语被不断回避或删除，从而使得交际能够顺利进行，我们认为这就是交际双方遵守了合作原则。

合作原则是会话的一个基本原则，言语交际中的双方总是受合作原则的支配。只有遵守这个原则，交际才能顺利进行，否则就会受挫。例如：

报警者：救火！救火！

消防员:在哪里?

报警者:在我家。

消防员:我是说失火的地点。

报警者:在厨房。

消防员:可我们该怎么去你家啊?

报警者:你们不是有救火车吗?

以上对话中,报警者的回答总是不得要领,因为他没有遵守合作原则,没有使自己的话符合他所参与的交谈中双方公认的目的——告知失火地点,结果使得对方无法提供及时援助。

合作原则已经成为人们在交际中自觉遵守的习惯,以至于想要故意不去合作都很难做到。例如:

有一则相声,甲乙双方约定必须答非所问,谁违约算谁输。

甲:你早,饭吃了?

乙:今天天气真好。

甲:天气好准备上哪儿去玩?

乙:世界上战争年年有。

甲:第几句了?

乙:第三句。

只三个回合,乙就败下阵来,他之所以会输,是因为话语之间有关联的合作原则在潜移默化地影响着他的思维和语言。

2.四条准则及相关次准则

格赖斯认为,合作原则包括四条准则,每条准则下又有相关次准则,遵守这些准则,就是遵守合作原则。

(1)量准则(Quantity Maxim):信息适量,不多不少。

①所说的话应包含当前交谈目的所需要的信息。

②所说的话不应包含多于需要的信息。

即信息量恰如其分。例如：

甲：你早上吃的什么？

乙：鸡蛋、面包和牛奶。

乙如实回答了甲的提问，并提供了对方所需要的信息，可见乙遵守了量准则，也就遵守了合作原则。

反之，就是违背了量准则。例如：

甲：昨天你们买了些什么东西？

乙：就买了些东西。

甲希望知道乙所购买的东西的具体内容，但乙没有提供甲需要获取的足量信息，乙违背了量准则，也就违反了合作原则。

（2）质准则（Quality Maxim）：所提供的信息力求真实。

①不要说自知虚假的话。

②不要说缺乏足够证据的话。

即说的话要真实、有依据。例如：

珠穆朗玛峰是世界第一高峰。

说话人有足够证据或理由说明这句话具有真实性，能让听话人信服，遵守了质准则。

反之，就是违背了质准则。例如：

清华大学在成都。

大家都知道清华大学在北京，而说话人说了明显违背客观事实的话，所以违背了质准则。

（3）相关准则（Relevant Maxim）：所说的话有关联。

即交谈双方提供的信息是相关的。例如：

甲：考试终于结束了。

乙:我们中午去吃饭庆祝一下吧。

甲乙之间的话语有联系,是相关的,遵守了相关准则。

反之,就是违背了相关准则。例如:

甲:考试终于结束了。

乙:我的手机坏了。

甲希望乙说一些与考试结束相关的话题,而乙的回答与甲的话语之间缺乏明显的联系,所以违背了相关准则。

(4)方式准则(Manner Maxim):提供的信息要清楚明白。

①避免晦涩。

②避免歧义。

③简练。

④有条理。

即信息清楚、无歧义、有条理、不啰唆。例如:

我吃完饭,洗了碗,然后洗澡,接着就上床睡觉了。

说话人按照行为发生的正常顺序进行了表述,提供的信息非常清晰明确,遵守了方式准则。反之,就是违背了方式准则。例如:

我吃完饭,接着上床睡觉,然后洗澡,接着洗了碗。

说话人的叙事混乱,不合逻辑,提供的信息杂乱无章,所以违背了方式准则。又如:

今天我接待了三个小学的老师。

说话人提供的信息有歧义,“三个小学的老师”有两层含义,一是“老师来自三个小学”,二是“三个老师是教小学的”,所以违反了方式准则。

格赖斯所提出的这四条准则,前三条涉及“说什么”,后一条涉及"怎么说"。格赖斯指出:这些准则各自具有的重要性是不一样的,在遵守各条准则的问题上,不同的说话人,在不同的场合,会有不同的侧重。

3.合作原则的违反

在实际交际中,人们会故意或不得不违反合作原则的各条准则,格赖斯据此总结出四种可能不遵守这些准则的情况。

(1)说话人不愿意遵守合作原则,他暗示或明示他无意进行言语信息的交流。例如:

甲:说说你是怎么想的。

乙:我不想谈。

(2)说话人悄悄违反一条准则,从而把听话人引入歧途,使之产生误解或上当,比如说谎。例如:

班主任:你能代表我们班参加这次运动会吗?

某同学:恐怕不行,我身体不好。

(3)说话人可能面临一种顾此失彼的局面,即遵守了一条准则而不得不违反另一条准则。例如:

甲:小张是做什么工作的?

乙:他在某个医院当医生。

对于甲的问题,乙没有给出明确的回答,违反了量准则"所说的话应包含当前交谈目的所需要的信息"。但乙的难处在于,他的确不知道小张在哪个医院工作,如果非要遵守"量准则"回答出具体的医院,那么又违反了质准则"不要说自知虚假的话"。所以,乙面临了只能遵守量准则和质准则中的一个的两难局面。在这种情况下,他选择遵守质准则是正确的,因为他的话虽然不详细但是是真实的。

（4）说话人在交际中故意违反某一个准则，但他相信听话人会意识到这一点，并继续合作，而听话人也知道说话人不是故意欺骗。例如：

甲：小张和小李都到了吗？

乙：小张到了。

乙的回答，没有提供足量信息，违反了量准则，他想表达的意思是：小李还没到。又如：

甲：下午我们在哪儿上课？

乙：阶梯教室，第三教学楼二楼，上楼梯之后左手边第二个教室。

乙的回答，提供了太多信息，违反了量准则，他想表达的意思是：不放心，怕听话人找不到。

总的来说，合作原则广泛制约着人们的言语交际活动，一般情况下，说话人和听话人都会尽可能遵守合作原则及其准则。但我们也要看到，如果大家都一味地遵守合作原则，语言就会变得单调乏味、缺乏生命力。所以，在言语交际中，适当地违反合作原则会促使语言更加丰富多彩，从而增加言语交际的趣味性和灵活性。

（二）会话含义

1.什么是会话含义

按照格赖斯的合作原则，在言语交际中，人们应该提供足量、真实、相关、简明的信息。而实际上，因为种种原因，人们并不会严格遵守合作原则的各项准则。当说话人故意违反合作原则的各项准则时，听话人就不得不透过话语的表面意义去理解背后的隐含意义，这种隐含意义就是会话含义。可见，会话含义就是根据语境所理解的话语的真正含义，即言外之意。

2.会话含义的推导

会话含义的推导,就是对于言语交际中故意违反合作原则而产生的隐含意义的推导。

(1)违反量准则产生的会话含义。违反量原则可以表现为量少或量多。例如:

①信息量过少。

提供的信息量少于对方的需求。例如:

甲:你住在哪儿?

乙:住在我家。

甲:那你姓什么?

乙:我姓我爸的姓。

甲乙作为交际双方,应该共同遵守合作原则。但对于甲的问题,乙的回答明显是信息量不够的,完全没有满足交际的需要,违反了量准则,其会话含义是:我不想透露自己的家庭情况。

②信息量过多。

提供的信息量多于对方的需求。例如:

老师:今天李明同学来上课了吗?

班长:他没来。他昨晚受了凉,发烧了,现在正在医院输液。

对于老师的问题,班长的回答所提供的信息明显过多,违反了量准则,其会话含义是:李明同学是因病才没来上课的。

(2)违反质准则产生的会话含义。

①故意提供不符合事实的信息。

提供的信息是虚假不真实的。例如:

他真是一头猪!

这句话提供的信息具有明显的范畴错误,其实是使用了比喻的修辞手法,其会话含义是:这人好吃懒做。

②故意提供缺乏足够证据的信息。

所提供的信息没有切实依据。例如:

甲:五月一号是国庆节对吧?

乙:那一月一号还是中秋节呢。

针对甲的问题,乙的回答明显违背了质准则,说了没有证据的话,他的目的在于暗示甲的错误,其会话含义是:五月一号不是国庆节。

(3)违反相关准则产生的会话含义。

这种情况在日常交流中很常见。例如:

甲:我们去踢球吧。

乙:上午在换草皮。

甲希望乙对自己提出的建议给予回应,但乙没有直接回答"好的"或者"我不去"。表面上看,乙的回答违背了相关准则,其会话含义是:操场正在换草皮,所以不能踢球。又如:

甲:我觉得这件事你做得不对,你觉得呢?

乙:我有点累了,你呢?

乙说的话与甲的话不相干,违背了相关准则,其会话含义是:我不想和你讨论这件事,咱们还是换个话题吧。

(4)违反方式准则产生的会话含义。

①言语晦涩。

提供的信息不明确。例如:

丈夫:给孩子买点儿零食吧。

妻子:别买 candy。

这种对话在日常生活中很常见,父母为了孩子的牙齿健康不愿意给他吃太多糖果,为了不在孩子面前直接提及,故意用英文单词,目的就在于不让孩子听懂,而只让父母双方明白。

②言语有歧义。

提供的信息不准确。例如:

某人去面试,回答面试官的问题。

面试官:你曾担任过什么职务?

面试者:大堂副经理和领班。

面试官希望通过询问,了解面试者的工作经历,而面试者的回答却可以理解为两种意思,一是"大堂副经理"和"副领班",一是"大堂副经理"和"领班"。面试者做出这种模糊的回答,目的应该在于在不说谎话的情况下,让别人以为自己担任过"大堂副经理"和"领班",从而提高自己的身价,增加被录取的可能性。

③言语啰唆。

提供的信息杂乱琐碎。例如:

一位哲学家在演讲结束后与学生交流。

学生问:"您认为谁是当今最优秀的哲学家?"

哲学家回答:"朋友,你让我面临两难的处境,一方面,我的品格要求我谦虚,因而我不便说出这个名字,另一方面,我的品格要求我诚实,因而我又不得不说出这个名字。我这么解释,或许你已经想到了这个名字,如果你没有想错,那么我要感谢你让我既保持了谦虚又拥有了诚实。"

学生回答:"我明白了。"

针对学生的问题,哲学家的回答非常啰唆,他说了这么多,只是想告诉学生当今最优秀的哲学家就是自己,而学生也从他的话语中推导出了这个含义。

④言语缺乏条理。

提供的信息逻辑不清。例如：

侯宝林先生的相声《阴阳五行》

甲：我研究的不是一门儿，是全门儿。我一个人研究的包括他们所有的门儿，我这叫综合科学。

乙：啊，这我不懂，什么叫综合科学？

甲：这么说吧，我所研究的是包罗万象。自从混沌初分，海马献图，一元二气，两仪四象生八卦，八八六十四卦，阴阳金木水火土……

乙：行啦，您甭说了，你怎么还研究这个呢？

甲：怎么啦？

乙：现在是原子时代，人类都飞上太空去了，到宇宙间去了。人家研究原子、核子、电子、离子……

甲：这我懂，原子、电子、饺子、包子……

乙：包子？

甲的话，明显违背了方式准则第四条次准则"有条理"，故意把原子、电子和饺子、包子混说，显示出他的愚昧无知。

需要说明的是，以上例子来自相声，违反方式准则第四条次准则"有条理"是为了达到幽默的效果。而在实际生活中，这种情况就涉及说话人的思路，如果说话逻辑不清、缺乏条理，就可能被对方认为是思路不清晰，交际就无法进行下去。因此，日常生活中，违反次准则的情况很少见。

3.会话含义的种类

格赖斯把会话含义分为两个类别：一般性会话含义和特殊性会话含义。

（1）一般性会话含义

一般性会话含义指的是，不需要特殊语境就能推导出来的含义。例如：

①昨天，他走进了路边的一所房子。

其一般性会话含义就是：这所房子不属于他。

②他有四本字典。

其一般性会话含义就是：他只有四本字典，不多不少。

③我昨天弄伤了一个手指。

其一般性会话含义就是：这是我自己的一个手指。

④昨天下午他和一个女人在一起。

其一般性会话含义就是：和他在一起的不是他的妻子、女朋友、姐妹或母亲，也不是说话人或者听话人。

根据以上四例可以看出，识别一般性会话含义的过程是相同的，不需要判定说话人是否违反了合作原则及其准则，也不需要特殊的语境知识。也就是说，当推导出来的话语字面意义以外的隐含意义不需要依赖特殊语境时，此时的会话含义就是一般性会话含义。

（2）特殊性会话含义

特殊性会话含义指的是，需要依赖特殊语境才能推导出来的含义。

特殊性会话含义的推导可以分为两个步骤：

第一，在某个特定语境中，交际双方首先要假设彼此都是遵守合作原则的。

第二，说话人故意违反了合作原则的某条准则，而听话人根据合作原则推导出说话人传递的特殊会话含义。例如：

甲:明天和我一起去看电影吧。

乙:我爸妈来看我了。

对于甲的邀请,乙的回答明显违反了合作原则中的相关准则,甲对于乙的回答应该做这样的推导:乙的爸妈来看他了,明天他要陪爸妈,所以他没有时间看电影。可见,乙实际上是拒绝了甲的邀请。又如:

甲:湖北的省会是哪个城市?

乙:上海。

乙的回答不符合事实,明显违反了质准则,在这里想表达的特殊含义就是:他觉得甲太无知了,连湖北的省会都不知道,所以他故意回答一个错误的答案,来表达对甲的不满和嘲笑。

(3)规约含义

特殊性会话含义受制于语境,随语境的变化而变化,因而属于非规约含义,与之相对的就是规约含义。规约含义不是从会话准则那种高层次的语用原则推导出来的,而是某一词语、结构或者话语在任何条件下都可能隐含的信息,凭借人们的直觉就可以把握,所以不应属于语用含义的讨论范围。例如:

①他贫穷而且诚实。

②他贫穷但是诚实。

这两句话的意义其实是一样的,只要"贫穷"是真的,"诚实"是真的,这个命题就是真的。但是"而且"和"但是"的规约含义不同,也就是词本身的隐含意义不同。

"但是"所连接的两项之间是对立的,表示"诚实"是出乎意料的,也就是说,人们一般的推断是"人穷就不诚实",而这个人的情况与人们的一般推断相反。如果我们把"但是"换成"而且",这种

"人穷就不诚实"的隐含意义就消失了,可见这是规约意义而不是会话含义。又如:

①我认为她会回来。

②我以为她会回来。

这两句话的意义其实是一样的,但是"以为"具有附加的规约意义,日常生活中,"认为"的事情一般是对的,而"以为"的事情一般是错的,也就是说,"我以为她会回来"的意思是"我以为她会回来,但她没有"。

总的说来,一般性会话含义与特殊性会话含义相对应,规约含义与非规约含义相对应。一般性会话含义是说话人在遵守合作原则的前提下话语所具有的含义,特殊性会话含义是说话人有意违反合作原则之后,在特殊语境下话语所具有的含义,属于非规约含义。而规约含义不属于语用含义的讨论范畴,它不涉及合作原则的遵守或违反,不需要依赖特殊语境,它是某一词语、结构或者话语在任何条件下都可能隐含的信息,因此它不具备会话含义的基本特征。

4.会话含义的特征

格赖斯认为,会话含义的基本特征大体上是可以预言的,他总结出了五大特征。

(1)可取消性

可取消性是会话含义最重要的特征,指的是,会话含义是可以被取消或者被否定的,而且方式多种多样。

①说话人在原先的话语上附加一个分句来表明(或暗示)自己要取消(或废除)原来话语的会话意义。例如:

昨天,我走进了一幢房子,在屋里发现了一只乌龟。

这句话的表述说明"这幢房子属于别人"。

但当我们附加一个分句时,这句话变成了:

我家有三幢房子,昨天,我走进了一幢房子,在屋里发现了一只乌龟。

这时,原先表示"这幢房子属于别人"的意思,被取消了。

②特定的语境使话语的含义被取消。例如:

英语四级考试成绩出来之后,甲乙两学生对话如下。

甲:小李有 425 分吗?

乙:他有 425 分。

乙的话"他有 425 分"在没有上下文语境的情况下,表示的意思是"小李有 425 分,不多不少"。但在上面的对话中,这一含义被取消了。因为,甲乙两人不关注小李具体有多少分,只关注他是否及格(425 分是及格线)。所以,乙的这句话不是告知小李的实际分数,而只是说他已经及格,小李的实际分数大于等于 425。

(2)不可分离性

不可分离性指的是,会话含义依附于话语的语义内容而非语言形式。因此,不可能通过同义词的替换把会话含义从话语中分离出去。例如:

小王买东西花了 32 元,给了店主 100 元,店主找了他 78 元,小王说:"他可真是个天才。"

这句话的实际含义是"他可真是个笨蛋"。在这个语境下,即使小王把话说成"他可真是个聪明人"或者"他可真是个高智商分子",表达的含义仍然是"他可真是个笨蛋"。也就是说,即使语言形式变了,语义内容也不会变。又如:

看完一场电影之后,甲乙两人讨论。

甲：你喜欢这部电影吗？

乙：嗯，我觉得里头卖的冰激凌很好吃。

乙的回答的实际含义是"这部电影真是糟透了"。在这个语境下，即使乙把话换成"我觉得里头卖的冰激凌很美味"或者"我觉得里头卖的冰激凌太棒了"，其会话含义"这部电影真是糟透了"并未消失。

（3）可推导性

可推导性指的是，听话人可以根据话语的字面意义和合作原则及其各条相关准则，推导出话语的含义来。

列文森给出了推导会话含义的一般模型[①]：S 和 H 对话，S 说的话语 P 具有会话含义 Q，当且仅当：

①S 说了 P；

②没有理由认为 S 不遵守各项会话准则，或者至少 S 必须遵守合作原则；

③S 说了 P 而又遵守会话准则或合作原则，因此 S 必定想要表达 Q；

④S 知道被假设的 Q 是交谈双方的共知；

⑤S 没有阻止 H 理解 Q；

⑥因此，S 要 H 考虑 Q，并在说出话语 P 时的含义就是 Q。

以上推导过程，我们可以用实例进行验证。例如：

姚明是中国长城。

①S 说姚明是中国长城；

---

① 列文森（S.C.Levinson）.语用学［M］.伦敦：剑桥大学出版社，1983：113－114.

②姚明是篮球运动员,不是长城;

③S偏说姚明是长城,且持合作态度,所以必定是想表达会话含义;

④S和H共知长城高大,且举世闻名;

⑤S没有阻止H这样去理解;

⑥因此,S要H理解的意思就是"姚明是举世闻名的身材高大的篮球运动员"。

(4)非规约性

非规约性指的是,会话含义是根据合作原则的各条准则,结合语境,通过话语的字面意义推导出来的。它受语境制约,随语境的变化而变化,因此不是恒定的、规约性的。

①会话含义不是规约性的意义,不是字面意义,我们必须在知道字面意义之后在一定的语境中推导出它的含义。例如:

他家有空调。

在不同的语境中,其会话含义可能是:

A.他家有钱。

B.他家不热。

C.他家电费高。

D.我们去他家玩吧。

②话语命题真假不影响含义真假,反之亦然。例如:

命题a:小李打了小王。

含义b:小李打了小王,但没打死。

第一种情况:说话人遵守量准则,那么a真,b真。

第二种情况:如果小李打死了小王,说话人仍然说a,则违背了量准则。在这种情况下,a为假,但由a推导出的b仍然为真。

因为 b 是 a 的含义,b 与 a 是对应关系,与 a 本身的真假无关。

第三种情况:a 为真,b 因为后来小王死了,而变为假。在这种情况下,说话人仍然说 a,则违背了量准则,这样 a 为假,a 的含义 b 也为假。

可见,会话含义会随着语境的变化而变化,而不是随着命题的真假而变化,这再次说明会话含义受制于语境的这种非规约性。

(5)不确定性

不确定性指的是,具有单一意义的词语在不同场合可以产生不同的含义。例如:

小张是一台机器。

这句话传递的会话含义可能是:

A.小张很冷漠。

B.小张很严谨。

C.小张不停地工作。

D.小张不懂变通。

我们只能根据具体语境,才能确定"小张是一台机器"这句话究竟是哪种含义。

(三)理论的贡献及不足

几十年来,格赖斯合作原则及会话含义理论受到了语言学界的高度重视。有学者高度评价了这一理论体系,他们认为:该理论是对语用学的极大推进,是语用学发展的分水岭,在其出现之前,语用学属于语言哲学研究的范畴,而在其出现之后,语用学进入到话语理解研究阶段。

我们应当承认,格赖斯合作原则及会话含义理论将研究视角深入到了非字面意义的分析和推导上,为语用学提供了新的研究突破口,具有重大的理论意义和实践价值。但该理论也存在一些不足之处。

首先,合作原则是格赖斯所认为的人们在交际中希望交际双方遵守的理想化规则,所以它不能完全应对丰富多变的语言事实,不能解释很多语言现象,也就是说,它不具备普遍性。

其次,格赖斯对合作原则及各准则的性质和来源解释不清。他无法证明交际是否一定需要合作以及人们是否一定要遵守足量、真实、相关、简明的准则。同时,理论解释了话语的字面意义和实际意义之间的关系,却没有解释人们为什么要在日常交际中故意去违反合作原则从而含蓄委婉地表达自己的真实意图。

可见,格赖斯合作原则及会话含义理论缺乏足够的理论基础,理论框架显得比较松散、缺乏严密性,还需要进一步的补充和修正。

二、新格赖斯会话含义理论

语用学界认识到,格赖斯合作原则及会话含义理论在普遍性和应用性等方面存在局限性,应该对其加以修正并发展,使之具有更强的解释力。很多学者据此提出了自己的改进理论。英国语言学家列文森在概括这批学者研究成果的基础上,于 1987 年发表了《语用学和前指代语法》(Pragmatics and the Grammar of Anaphora),提出了列文森会话含义"三原则",1991 年将其改称为"新格赖斯语用学机制"(Neo-Gricean Pragmatic Apparatus)。后来,学者们称之为"新格赖斯会话含义理论"(Neo-Gricean Theory of Conversational Implicature),简称"列文森三原则"。而 20 世纪 60 年代格赖斯的"会话含义理论"就成为"古典格赖斯会话含义理论"。

列文森三原则内容如下：

（一）量原则

说话人准则：在知识范围允许的情况下，尽可能地提供恰如其分的信息，除非提供足量的信息违反信息原则。

听话人推论：相信说话人提供的是他所知道的最强的信息。

关于量原则，我们先做出一些说明。如下：

语言学家荷恩认为，语言中有些意义相关的词语之间存在语义和信息强度上的差异，比如：

＜所有，大部分，许多，一些＞

＜和，或＞

＜N，……5，4，3，2，1＞

列文森对此做出了规定，称为"荷恩等级关系"，即：

要使＜S(strong)，W(weak)＞形成"荷恩等级关系"，则：

1.含 S 句(用(A(S)表示)必须蕴涵含 W 句(用(A(W)表示)

2.S 和 W 具有相同的词汇性质。

3.S 和 W 具有相同的语义关系或来自相同的语义场。

我们以表示范围的词为例。例如：

＜全部，有些＞可形成＜S，W＞

设有分别包含"全部"和"有些"的句子：

他们全部是大学生。A(全部)

他们有些是大学生。A(有些)

那么，A(全部)蕴涵 A(有些)。如果说话人说 A(有些)，就表示他知道说 A(全部)是不符合事实的。

我们还可以以动词为例。例如：

<知道,相信>可形成<S,W>

设有分别包含"知道"和"相信"的句子:

我知道他吃饭了。A(知道)

我相信他吃饭了。A(相信)

那么,说话人说 A(知道)时,表示他确定"他吃饭了"是符合事实的。而说话人说 A(相信)时,表示他不知道"他吃饭了"是否符合事实。

据此,如果说话人没说出语义强度大或者信息量充足的信息,就意味着他知道较强的陈述是不成立的或者他对自己说的话不能确定。例如:

<爱,喜欢>

甲:你们相处了这么久,感觉怎么样?

乙:我很喜欢他。

"爱"的语义强度明显大于"喜欢",乙的回答用的是"喜欢",其会话含义就是:我们还没有到相爱的程度。又如:

<看见,估计>

甲:你妈妈回家了吗?

乙:我估计她回家了。

"看见"的语义强度大于"估计",乙用"估计"的意思就是:他不能肯定妈妈是否回家。

(二)信息原则

说话人准则:最小极限化准则,即只提供足以达到交际目的的最小信息量。

听话人推论:扩展规则,即在理解的基础上扩展说话人的信息内容,直到断定为说话人的真实意图。

据此,如果说话人说出语义强度小或者信息量不足的话语,那就是他有意让听话人按常规关系推导出具体、确切的信息含义。例如:

①他买了一条裤子,拉链坏了。

——他买的裤子有一条拉链。

②他和他的妻子买了一辆新车。

——他俩共同买了一辆新车,而不是两人各买了一辆。

③那个小男孩仍然下落不明。那位母亲非常焦急。

——那位母亲就是那个下落不明小男孩的母亲。

④他推着购物车来到出口的收银处。

——他到超市买了一些东西,然后推着购物车来到收银处,打算付款后离开。

以上四例,后一句都是根据前一句得出的会话含义,由信息内容较少的第一句引出信息内容丰富的第二句,这个结果靠的是听话人根据句中所谈到的事物之间形成的常规关系而做出的推导,这就是"扩展"。

(三)方式原则

说话人准则:不要无故使用冗长、隐晦或者有标记的表达形式。

听话人推论:如果说话人使用了冗长、隐晦或者有标记的表达形式,证明他想据此表达自己特殊的含义。

方式原则是通过话语异常的表达形式来推导相关含义的。例如:

①他打开了门。

②他弄开了门。

第一句,显示的是正常的开门动作。而第二句,则是在暗示开门的方式不寻常,比如碰到了什么机关或者使用了什么技巧。又如:

甲:你可以抽空去一趟吗?

乙:我不是没有时间去。

乙原本可以直接回答"可以"或者"不可以"。而他这个不寻常的回答,暗示的是转折关系"但是",也就是说,他有时间去,但是"没有兴趣"或者"没有精力"或者"没有钱"。又如:

①张先生和张太太来交钱买房子。

②张先生和李先生来交钱买房子。

按照常规理解,第一句话的会话含义为:张先生和张太太共买一套房子,第二句话的会话含义为:张先生和李先生两人各买一套房子。

但如果说话人需要听话人不按常规来理解的时候,则需要冗长的说明。改写如下:

③经济各自独立、感情已经破裂、正在办理离婚手续的张先生和张太太来交钱买房子。

④要一起做生意而没有办公场所的张先生和李先生来交钱买房子。

这时,前一句的会话含义变成了:张先生和张太太各买一套房子,后一句的会话含义变成了:张先生和李先生共买一套房子。

列文森指出,量原则、信息原则、方式原则三者的运用是有顺序的,即量原则＞方式原则＞信息原则。具体说明如下:

1.符合"荷恩等级关系"的表达形式,实行量原则的推导先于信息原则的推导。

2.其余情况则由信息原则得出特定的理解,除非:

3.两个意义相同的表达方式并存的时候,一个无标记,一个有标记。那么,无标记的表达方式就由信息原则推导其会话含义。而有标记的表达方式,由于无法用恰当的信息原则推导,那么就由方式原则推导其会话含义。

(四)徐盛桓所提出的新格赖斯会话含义理论的语用推理机制

新格赖斯会话含义理论较之格赖斯会话含义理论具有不同的特点,当它被用作指导语用推理的理论框架时,就需要一个新的语用推理的机制,学者徐盛桓给出了这一机制,使新格赖斯会话含义理论得到了进一步完善。

徐盛桓

这里,我们先介绍徐盛桓语用推理机制的推导过程,然后解释它的运行方式。

1.推导过程

标记性 ——————→ 无标记

有标记　　　　荷恩等级关系 ——————→ 无

方式原则推导　　　　有　　　　　　信息原则推导

量原则推导

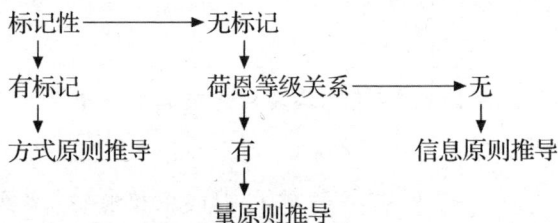

整个推导过程从"标记性"起,先纵后横,通过箭头表示的通道过渡,直至纵列的终端,做出推导的选择。

2.运行方式

我们通用语言实例来阐述其运行方式。例如:

甲:她大学毕业了吗?

乙:算是混到了一个毕业证。

乙的回答属于不寻常的表达形式,也就是有标记的,所以我们按照方式原则来推导。方式原则的内容是,说话人准则:不要无故使用冗长、隐晦或者有标记的表达形式。听话人推论:如果说话人使用了冗长、隐晦或者有标记的表达形式,证明他想据此表达自己特殊的含义。据此,我们推导之后得知,乙想表达的会话含义是:她大学毕业了,但成绩很不好。又如:

甲:她大学毕业了吗?

乙:我估计她毕业了。

丙:不用估计,我确定她毕业了。

针对甲的问题,乙和丙做出了不同回答,他们的回答是无标记的。同时,两人回答中的"估计"和"确定"可以形成荷恩等级关系<确定,估计>,其中"确定"是强项,"估计"是弱项,所以我们按照量原则来推导。量原则的内容是,说话人准则:在知识范围允许的情况下,提供恰如其分的信息,除非提供足量信息违反信息原则;听话人推论:相信说话人提供的是他所知道的最强的信息。据此,我们推导之后得知,乙的回答证明他对于"她毕业了"这件事不能完全肯定,而丙的回答证明他能肯定"她毕业了"是事实。又如:

甲:她大学毕业了吗?

乙:是的。

乙的回答是无标记的,同时不存在荷恩等级关系,所以我们按照信息原则来推导。信息原则的内容是,说话人准则:最小极限化准则,即只提供足以达到交际目的的最小信息量;听话人推论:扩展规则,即在理解的基础上扩展说话人的信息内容,直到断定为说话人的真实意图。据此,我们推导之后得知,乙想表达的会话含义是：她考上了大学，通过四年的学习，是一个合格的本科毕业生了。

通过以上分析可以看到，徐盛桓所提出的新格赖斯会话含义理论的语用推理机制是切实可行的，能够帮助我们有效地分析交际用语中的会话含义。

（五）理论的贡献及不足

新格赖斯会话含义理论的产生，使会话含义理论产生了质的飞跃。与古典格赖斯会话含义理论相比，新格赖斯会话含义理论在普遍性和应用性上有了很大的提高。这一理论以常规关系为支柱，以研究一般性会话含义为核心，着重去解释日常交际中的话语。因此，这一研究成果可以直接应用于交际活动，也有助于解释日常表达中的某些语言技巧，使得语用原则有了更广大的应用范围。同时，徐盛桓所提出的语用推理机制使语用含义的推理得以程序化，提高了这一理论的可操作性。

但该理论的不足之处也很明显。其抽象化、程序化色彩浓重，交际大众难以熟练掌握，导致其实用价值大大降低。

三、礼貌原则

前文已经提到，格赖斯的会话含义理论存在着不足之处。该理论只解释了话语的字面意义和实际意义之间的关系，却没有解释人们在日常交际中故意违反合作原则从而含蓄委婉地表达自己真实意图的原因。为此，布朗、列文森、利奇等学者在格赖斯会话含义理论的基础之上，提出了与合作原则相补充的礼貌原则（Politeness Principle），回答了这个格赖斯没有回答的问题，从而丰富和发展了会话含义学说。

（一）布朗和列文森的礼貌理论

1.理论内容

20世纪80年代以来，以布朗和列文森的著作《语言使用中的共性：礼貌现象》为理论基础的礼貌理论一直被认为是语言学界研究礼貌现象的典范之作，影响极为深远。二人在书中提出并阐释了该理论的四大核心理念：面子说、损害面子行为、礼貌策略和损害力计算式。

（1）面子说

布朗和列文森沿用了合作原则的理论框架，在此基础上，主张将礼貌原则作为合作原则的补充原则。他们认为，正常的言语交际应该是理性的、目标明确的。因此，他们希望为那些违背合作原则的言语行为找到合理的解释。

他们指出，一个理想的言说者应该兼具两点特质：理性和面子。理性指的是：言说者能够识别并利用有助于达成目的的手段；面子指的是：言说者具备个人和社会两方面的需求，且两种需求在交际过程中都应该被顾及，具体体现为消极面子和积极面子。

消极面子指的是：要求拥有对领地、个人活动范围不受侵扰的权利；积极面子指的是：交际者希望拥有良好一致的个人形象或个性，而且期待得到他人的认可和欣赏。简单来说，消极面子表达的是自主的个人需要，积极面子表达的是求同的社会需要。

（2）损害面子行为

布朗和列文森把危及言说者面子的言语行为称为"损害面子行为"。受损的可能是说话人的面子，也可能是听话人的面子；可能是积极面子，也可能是消极面子。因此，二者将"损害面子行为"细分为四组：

①损害听话人消极面子的言语行为,包括命令、请求、建议、警告、恭维等。

②损害听话人积极面子的言语行为,包括反对、嘲讽、抱怨、谴责、争执等。

③损害说话人消极面子的言语行为,包括感激、申辩、接受提议、允诺等。

④损害说话人积极面子的言语行为,包括道歉、自谦、推诿、忏悔等。

(3)礼貌策略

由于面子问题是你来我往的过程,任何理性的交谈者都会尽量回避损害面子的行为,或者采用某些策略将损害降到最低。

布朗和列文森认为,说话人会视"损害面子行为"对听话人面子的损害大小选择相应的五种策略:

①直言(bald on record),即说话人不做任何修饰,直抒胸臆。

②积极礼貌(positive politeness),即说话人虽然直言相告,但会根据听话人的积极面子调整话语。

③消极礼貌(negative politeness),即说话人虽然直言相告,但会根据听话人的消极面子调整话语。

④婉言(off record),即说话人回避直接生硬的表达方式,而采用委婉却明了的方式表明意图。

⑤回避(nonperformance),即说话人避而不谈,转述其他。

布朗和列文森认为,言语礼貌不是简单的有或没有的两分现象,而是一个连续体。从策略①到⑤,对言语行为危害性的调节能力逐渐增强,而礼貌程度也随之提高。说话人预计言语行为的危害越大越倾向于使用后面的策略。

（4）"损害面子行为"的损害力计算式

要正确使用礼貌策略，就必须对言语行为的危害性做出恰当估计。布朗和列文森选取了他们认为可以决定言语行为危害性大小的三个因素，即会话双方的社会差距、听话人对说话人的权力优势、所处文化对"损害面子行为"的胁迫感的估计值，并在此基础上提出了将"损害面子行为"的损害力具体量化的公式。公式的变量设置如下：

说话人——S，听话人——H，损害力——W，会话双方的社会差距——D，听话人对说话人的权力优势——P，所处文化对"损害面子行为"的胁迫感的估计值——R。公式如下：

$$W_x = D(S,H) + P(H,S) + R_x$$

公式体现了"损害面子行为"的损害力与三个变量间的线性函数关系。也就是说，变量值越大，即会话双方的社会差距越大、听话人对说话人的权力优势越明显，或者所处文化对该"损害面子行为"的胁迫感的估计值越大，相应地，说话人在交谈中就应该选取更有礼貌的策略。

我们以职场为例，看看这个公式是如何起作用的。例如：

说话人 S 为公司职员，H 为部门经理。那么，S 和 H 的社会差距 D 为"一般"，H 对 S 的权力优势 P 为"一般"，所处文化对"损害面子行为"的胁迫感的估计值 R 为"一般"，那么可以得出"损害面子行为"的损害力 W 为"一般"，即公司职员 S 在和部门经理 H 相处时，采取一般性的礼貌策略即可。

当说话人 S 为公司职员，H 为总经理。那么，S 和 H 的社会差距 D 为"较大"，H 对 S 的权力优势 P 为"较大"，所处文化对"损害面子行为"的胁迫感的估计值 R 为"较大"，那么可以得出"损害面子行为"的损害力 W 为"较大",即公司职员 S 在和总经理 H 相处时,必须比和部门经理相处时更加讲求礼貌策略。

2.不足之处

布朗和列文森宣称其理论具有普遍性,适用于任何文化背景。而当不少学者在不同语言文化环境中验证他们的理论时,却发现事实与他们的设想相差甚远。可见,该理论存在着不足之处。

首先,无视文化的多样性和复杂性,试图找出礼貌现象统一的社会理据,这种行为本身就是缘木求鱼。具体到该理论,就是对"面子"的界定不明,无法取得跨文化的一致性。

其次,对礼貌策略的划分缺乏理论依据,因此分类和排序显得烦琐和杂乱,无法取得一致意见。

最后,在二者提出的损害力计算式中,由于不同文化甚至同一文化不同阶层对三个变量的不同理解,使得变量的值根本无法确定。同时,三个变量之间不应该是简单的叠加关系,而应该是互相牵涉互相影响的,一个变量的取值往往会影响另外两个变量,从而使得量化的企图成为泡影。

(二)利奇的礼貌原则

1.原则内容

利奇提出的"礼貌原则"包括六条准则及若干次则。

(1)得体准则(Tact Maxim)

①最小限度地使别人受损。

②最大限度地使别人受益。

(2)宽宏准则(Generosity Maxim)

利奇

①最小限度地使自己受益。

②最大限度地使自己受损。

（3）赞誉准则（Approbation Maxim）

①最小限度地贬低别人。

②最大限度地赞誉别人。

（4）谦虚准则（Modesty Maxim）

①最小限度地赞誉自己。

②最大限度地贬低自己。

（5）一致准则（Agreement Maxim）

①使对话双方的分歧减至最小限度。

②使对话双方的一致增至最大限度。

（6）同情准则（Sympathy，Maxim）

①使对话双方的反感减至最小限度。

②使对话双方的同情增至最大限度。

利奇指出，上述六条准则中，前四条准则是双向性的：准则（1）和（2）分别关注未来行为对人对己的损益；准则（3）和（4）分别关注说话人对人对己传递的某种或好或坏评价的程度。准则（5）和（6）是单向性的一致和同情。利奇还指出：礼貌关注的重点是他人而不是自己，消极的礼貌（避免不一致）比积极的礼貌（寻求一致）更为重要。

2.原则特点

（1）级别性

人们在言语交际中，需要恪守礼貌原则。而恪守礼貌原则，需要注意语言手段的语用特征。我们既要知道什么是礼貌用语、什么是不礼貌用语，更要关注礼貌用语的级别。

①语言表达方式的礼貌级别

语言的礼貌级别是一个连续体。一般来说，最直接的表达方

式最不礼貌,而最不直接的表达方式最礼貌。例如:

①关门!

②把门关上!

③麻烦关一下门好吗?

④你不介意关一下门吧?

⑤下雨了。

⑥好冷啊。

以上六种表达,例①和例②最为直接,也最不礼貌,一般用于比较熟悉的人之间。例③和例④是日常交际中正常表达请求的方式,而例④比例③更礼貌。例⑤和例⑥是最间接的表达方式,需要听话人去推测其会话含义,但也是最礼貌的。一般来说,社会关系越疏远的人之间,使用的表达方式的礼貌级别越高。

②恪守礼貌原则时的礼貌级别

恪守礼貌原则,随之而来的结果是让自己受损、让对方收益,从而使对方获得尊重,再进一步获得对方的好感。显然,对对方越尊重,自己就越吃亏,礼貌级别就越高。例如:

①把书递给我。

②节日快乐!

③请坐!

④多吃点吧。

以上四种表达,例①受益的是说话人,受损的是听话人,所以最不礼貌。例②和例③,听话人不同程度地受益,所以比较礼貌。例④受益的是听话人,受损的是说话人,所以最礼貌。可见,听话人越受益,说话人越受损,则话语的礼貌级别越高。

（2）冲突性

礼貌原则的冲突性指的是,在同一话语或同一语境中,原则内部的各准则和次准则之间出现互相冲突不能兼顾的情况。例如:

甲:你的舞跳得真好看。

乙:谢谢! 但我自己觉得还不算太好。

甲、乙两人的对话中,甲的评价遵守了礼貌原则中的赞誉准则,乙的回答遵守了谦虚准则,但乙因为谦虚而否定了甲的评价,这又违反了一致准则,从而导致了谦虚准则和一致准则之间的冲突。又如:

甲:重庆真漂亮!

乙:的确很漂亮,但有些地方还有点破旧。

针对甲的评价,乙的回答首先肯定了这个评价,遵守了礼貌原则中的一致准则,但紧接着,乙提出了不同意见,又违反了一致准则,结果导致了一致准则与一致准则之间的冲突。

（3）合适性

礼貌原则的合适性指的是,运用礼貌原则时要根据语境的要求确定相对应的礼貌级别,即根据言语交际的对象、内容和场合,同时考虑对话双方的受益受损情况,选择最为合适的表达礼貌的语言形式。

①交际对象不同,礼貌级别不同。例如:

A.快点儿借我十块钱。

B.你能不能借给我十块钱,我有急用。

上面两句话,之所以表达方式有区别,就在于对象的差异。第一句话适用于关系非常亲近的朋友或同事之间,显得很随便,不那么礼貌。第二句话适用于关系比较疏远的人之间,所以表达得委婉客气,非常礼貌。

②交际内容不同,礼貌级别不同。例如:

A.请把那本书递给我。

B.麻烦你一件事,你下午能抽空帮我搬个家吗?

一般说来,如果要求听话人帮忙办一件小事,那么不管在什么场合我们都常常使用简单的祈使句来表达,就如第一句话。而如果要求听话人帮忙办一件有困难的事,我们往往会采用比较正式的语言方式来请求,以表达自己的尊重,就如第二句话。

③交际场合不同,礼貌级别不同。例如:

A.我给你倒杯酒吧。

B.请问我能为你倒杯酒吗?

第一句话适用于非正式的交际场合,比如朋友或同事之间的聚会,参与的人员之间很熟悉,所以说话显得随意。第二句话适用于非常正式的交际场合,比如公司举办的大型酒会,酒会招待人员在询问宾客的时候,就必须使用"请问……吗"这样礼貌的句式。

综上,礼貌原则的三大特征级别性、冲突性及合适性能够引导人们正确使用礼貌原则,并更好地把礼貌原则与合作原则结合起来,从而准确表达语用含义、推动交际的顺利进行。

3.原则的意义与不足

利奇的礼貌原则完善了格赖斯会话含义理论,解释了合作原则无法解释的问题,即在言语交际中人们为什么要故意违反合作原则中的某一准则或次则,从而弥补了合作原则的不足。如果说合作原则在言语交际中更多地决定了信息传递的真实性和精确性,那么礼貌原则则决定了交际双方能否在良好的氛围中完成言语交际,其对交际起到了润滑和促进作用,推动了交际的顺利进行。

但该理论的不足之处也很明显，即礼貌原则作为合作原则的一个援救措施，覆盖面过窄。因此，在礼貌原则之外，还必须有其他一些原则如"反话原则""幽默原则"等从不同的方面去援救合作原则，这样就显得援救原则过多，从而造成理论体系的复杂化。因此，利奇的礼貌原则还需要进一步的修订。

（三）顾曰国的礼貌准则

顾曰国先生在《礼貌、语用与文化》①一文中，根据中国传统文化中有关礼貌的内容和阐述指出，贬己尊人是中国式礼貌的最显著特点，现代礼貌的社会功用主要体现在保持人与人之间关系的和谐与融洽、消除抵触、促进合作上。

顾曰国

需要注意的是，顾曰国先生效法利奇的礼貌原则，提出了一系列带有中国特色的制约言语行为的礼貌规范，称之为"礼貌准则"，具体分类如下。

1."自卑而尊人"与贬己尊人准则。　例如：

	自称	他称	中性称谓
人称	鄙人、小弟	您、您老、先生、阁下	本人、你
姓名	鄙姓、贱姓	尊姓、贵姓	我姓、你姓
妻子	内人、老婆	夫人、太太	我爱人、你爱人
子女	小儿、小女	令郎、令爱	我儿子、你女儿
意见	拙见、愚见	高见、尊意	我的意见、你的意见
作品	拙作、拙著	大作、佳作	我的作品、你的作品
住所	寒舍、舍下	贵府、府上	我家、你家
探访	拜访、拜见	光临、赏光	看看、玩玩
读书	拜读	过目、斧正	看、读

---

① 顾曰国.礼貌、语用与文化[J].外语教学与研究，1992（4）.

前文已提到,中国式礼貌最大的特点就是贬己尊人。这一特点在语言上的反映集中体现在自称和他称上,我们往往在称呼自己或说到与自己相关的事物时自贬自谦,而在称呼他人或说到与他人相关的事物时则抬高尊人,从而表现出礼貌和尊重(见前表)。

如果说话人把他称用作自称,就会显得过于傲慢和自大,如果把自称用作他称,就会显出对别人的鄙视和无礼。

然而,随着时代的进步,新的价值观冲击了传统价值观,一系列中性称谓随之出现,并得到了大家的广泛认可与使用(见前表),这种变化体现了人们追求平等的愿望。但在特定的场合中,贬己尊人准则仍然具有很强的约束力。

2. "上下有义,贵贱有分、长幼有等"与称呼准则

现代的礼貌行为在某种程度上仍然体现着"上下有义,贵贱有分、长幼有等"的传统观念,这绝不是简单意义上的"守旧",而是为了更好地体现人际交往中相对的社会地位,并依照不同的地位选择不同的交际方式,以此表达礼貌和尊重。这一原则在称呼语的问题上体现得尤为突出。

称呼语代表了人与人之间的社会关系,称呼语的不同往往意味着人际关系的不同。比如,学生招呼老师,通常是"姓+老师",而不能说成"老/小+姓",对男性长辈称"先生",对女性长辈称"夫人",对小孩称"小朋友",这些都是不同社会关系在称呼语上的体现。顾曰国先生根据现代汉语中称呼语的使用情况,对其系统地做了一个简要的归纳:

(1)单一型称呼语

日常生活中的单一型称呼语很多。例如:

职务名称:书记、市长、部长、经理等;

职称:教授、工程师等;

职业名称:理发师、厨师等;

礼貌标记:敬称——您、阁下、师傅等;

中性语:同学、同志等;

亲切语:小～、老～等;

人名:全名、姓、名等;

亲属称谓:爷爷、爸爸、姐姐等。

(2)复合型称呼语

复合型称呼语指的是,把两个或多个单一型称呼系统结合起来使用,比如,"小+姓"或者"姓+老"等。

顾曰国先生认为,称呼准则的核心就在于采用合适的称呼语主动跟对方打招呼,而称呼语的合适与否取决于很多语用要素,比如交际场合,交际对象的性别、年龄、职务,以及交际双方的关系等等。

3. "彬彬有礼"与文雅准则

中国传统观念中,反对举止粗鲁,推崇彬彬有礼,后者往往被认为是"懂礼貌""有教养"。而文雅准则指的是:

(1)选用雅言,禁用秽语

比如,甲要求乙离开,甲说"对不起,我现在有点忙",这是雅言,而说"快滚"就是秽语,当然还有一些表述是属于中性的,比如"你还有事吗?""你该走了""时间到了"等等。

(2)多用委婉语,少用直言

委婉语的使用是为了避免直接提及使人不愉快不舒服的事物。需要使用委婉语的领域包括死亡、疾病、排泄、两性以及评价别人的体型、外表等等,如果直言这些事就会显得粗俗无礼。当然,委婉语的选用和称呼语一样,也要考虑到种种语用因素。

4. "脸""面子"与求同准则

汉语中有很多包含"脸"和"面子"的习惯说法,前者比如有脸、露脸、赏脸、丢脸、(不)要脸,后者比如要面子、给面子、面子大/小、有/没面子、面子上过得去/过不去。

在这些习惯说法中,"脸"指的是个人与社会地位相匹配的一种正面价值。如果个人行为符合并强化了这种正面价值,我们就称之为"有了脸"或者"露了脸"。反之,如果个人行为与这种正面价值相悖,我们就称之为"丢了脸"或者"不要脸"。

而"面子"与"脸"主要的区别在于,在正面价值的问题上,前者要低于后者。比如,我们说谁"没面子"可能只是因为他由于逞能而办砸了一件小事,我们说谁"丢脸"就可能是因为他犯下了比较严重的错误。当然,在日常交际中,"面子"和"脸"的分工并不严格,很多时候我们都是把它们放在一起使用。比如,我们常常会说"给人家留点儿脸面吧"。

顾曰国先生认为,就"脸""面子"与礼貌的关系而言,应该分成两类:一类是训斥、批评、指责。这一类言语行为对听话人不利,说话人往往要考虑到听话人的面子。一类是邀请、请求、给予。说话人在实施这一类言语行为时,往往考虑的是自己的面子,因为假如听话人不接受邀请、请求或给予的话,说话人就会"丢脸"。

当人们考虑到自己或别人的脸面时,礼貌就成了非常有帮助的语用手段。人们往往会遵循"求同准则",即说话人和听话人在诸多方面力求和谐一致,尽量满足对方的欲望。

当人们在交际中不得不批评对方或发表不同意见时,实施"求同准则"的策略就是"先褒后贬",即先肯定对方的优点或是双方的共同点，然后再说出该批评或者不赞成的地方。这样，就以礼貌的方式实施了不太礼貌的言语行为。与此情况不同的是，邀请、请求或给予对于说话人来说，不是不礼貌的行为，但却把决定权交给了听话人。如果听话人没能满足说话人的要求，那就是"不赏脸"。这个时候，"求同准则"就要求听话人尽量满足说话人的合理要求，以取得双方的和谐一致。

5."有德者必有言"与德、言、行准则

在传统的儒家学说里，德与言是紧密相连的，德、言、行是否统一是评价一个人是否为"君子"的重要标准。而德、言、行准则指的是，在行为动机上尽量减少他人付出的代价，尽量增大对他人的益处；在言辞上，尽量夸大别人给自己的好处，尽量说小自己付出的代价。例如：

甲：我去帮你拿邮件吧。

乙：那多不好意思啊，你不是要去吃饭吗？

甲：顺路而已，不麻烦。

乙：那好吧，谢谢你啦。

在这段对话中，甲愿意帮乙拿邮件，这是在行为动机上尽量增大对他人的益处，乙觉得不好意思、不想让甲帮忙，这是在言语行为上尽量减少他人付出的代价。随后，甲强调是"顺路"，这是在言辞上尽量说小自己付出的代价，最后乙接受了甲的帮助，记住了甲给自己的好处，也欠了人情，需要待机偿还，这就是所谓的"礼尚往来"。

6.礼貌小结

至此，顾曰国先生对五个礼貌准则的定义和内容做了大致阐述，这五个准则互相渗透、互相制约。

以贬己尊人为例,所有的行政职务名称,都可以用作称呼语。例如:

①主席,您坐这里。

②村主任,你去哪儿啊?

但职称和职业名称当中却只有一部分可以用作称呼语,试比较以下两例:

①教授,这是你的书。

②厨师,这是你的工具。

用"教授"称呼别人是没有问题的,但用"厨师"称呼别人则显得非常不礼貌,如果改成"师傅"就会好得多。

那么,为什么所有的行政职务名称都可以用作称呼语,而职称和职业名称中却只有一部分可以用作称呼语呢,很明显,从语法上我们是无法给出合理解释的,但如果用贬己尊人准则就可以很好地解释这个问题了。用行政职务名称称呼别人,符合贬己尊人准则,因为在中国人的传统观念中,无论官大官小都是有地位的人。而用职称和职业名称却不相同,因为职称和职业虽没有贵贱之分,但毕竟有高低之别,所以如果在言语交际中用地位较低的职业名称去称呼别人,就明显违背了贬己尊人的准则,显得很不礼貌。

另外,我国还普遍存在着一种称呼规律,那就是"降格称呼"。一般夫妻两人在有了孩子之后,称呼别人的时候就会降格到孩子的角度去称呼别人,比如,称呼自己的父母为"爷爷""奶奶",称呼自己的兄弟姐妹为"大伯""姑姑""舅舅""姨妈"等。这也遵守了贬己尊人的准则。

另外,"哥哥/大哥""姐姐/大姐"都可以用作称呼语,但"弟弟""妹妹"却不能用作称呼语,如果一定要用,就必须说成"小弟""小妹",以表达亲近亲昵之意,这也同样是贬己尊人的准则在起作用。

接着,顾曰国先生讨论了求同准则与德言行准则是如何相互渗透和制约的。以"邀请"为例来说,甲打算请乙吃饭,如果两个人关系亲密,或者社会地位相当,那么事情很简单,发出邀请和回应邀请都可以直接明了。但如果甲乙两人并不熟悉,或者社会地位有差距,那么邀请就成了一件需要语言艺术的事情。例如:

甲是乙未来的岳母。

甲:明天来吃晚饭吧。

乙:不了,不了,太麻烦您了。

甲:麻烦什么啊,菜都是现成的。

乙:那也得做啊。

甲:你来不来,我们都得吃饭啊。你一定得来啊,不来我可生气了。

乙:好吧,那就随便一点。

第一个回合的对话中,甲邀请乙来家里吃饭,符合德言行准则,即"尽量增大对他人的益处",是符合礼貌的。要是乙拒绝了,就算是驳了甲的面子,所以根据求同准则,乙应该马上接受这个邀请。但乙接受邀请的话,又与德言行准则"尽量减少他人付出的代价"的内容相悖,所以乙拒绝了邀请,并给出了拒绝的理由,遵守了德言行准则。第二、三回合对话的分析与第一回合对话思路相同,故从略。以上这组对话足以说明求同准则与德言行准则是如何相互渗透和制约的。

以上就是顾曰国先生的礼貌准则的基本内容。与利奇的礼貌原则相比,这五条准则显然更加符合中国现代社会的言语实际,它们之间互相渗透、互相制约,共同作用于人们的日常交际,推动着交际行为的顺利进行。

四、得体原则

前文已提到,利奇的礼貌原则存在不足之处,它作为合作原则的一个援救措施,覆盖面过窄。所以在它之外,还必须有其他一些原则如"反话原则""幽默原则"等从不同的方面去援救合作原则,这样就显得援救原则过多,从而造成理论体系的复杂化。据此,索振羽先生在《语用学教程》[①]一书中提出:我们需要找到一个涵盖力强、覆盖面大的高层次的具有普遍性的原则,这就是"得体原则",以此来与格赖斯的合作原则做到分工合作、相互补益,从而保证人们的言语交际能够顺利进行。

索振羽先生把适合不同语境的需要,采用拐弯抹角(间接)的交际方式,取得的最佳交际效果叫作"得体",把这种语用原则称为"得体原则"。得体原则有三个准则:礼貌准则、幽默准则、克制准则。

索振羽

(一)礼貌准则

在言语交际中,交际双方都希望得到对方的尊重。为了尊重对方,说话人就需要在适应语境的前提下采取一些恰当的交际策略以示礼貌,从而求得最佳交际效果。它包含六条次准则。

1.赞誉次准则

有点过分但不太过分的赞誉,是一种礼貌。例如:

你真能干,天大的困难都难不倒你。

---

① 索振羽.语用学教程[M].北京:北京大学出版社,2000.

这是某个人赞美他的朋友所说的话,因为他自己买不到火车票,去托这位朋友帮忙,结果不仅帮他买到了,而且买的还是很难抢到的卧铺票,所以他发出这样的赞美。又如:

你就是我心中的白马王子。

这是女人对自己心上人的赞美。

2.谦虚次准则

有点过分但不太过分的谦虚,是一种礼貌。例如:

甲:你人来就行了,还带什么礼物啊,太客气啦!

乙:一点薄礼,不成敬意,还请你收下。

乙带的礼物可能比较丰厚,但出于自谦的目的,故意说成是"薄礼"。又如:

甲:你能这么帮助我,真是太好心了,是我遇到过的最好的人。

乙:别这么说,社会上好心人很多,不止我一个。

以上两例,针对甲的表扬,乙都给予了谦虚的回应,这不是在否定甲的评价,而只是为了表示出礼貌之意。

3.一致性准则

减少分歧或对立,力求一致,至少达到部分一致。例如:

甲:今天的聚会,我提议大家到江边去烧烤。

乙:挺好的,就是风太大了。

对于甲的建议,乙先是同意,然后再发表个人看法,这样就显得很礼貌、不生硬,不会引起甲的反感。又如:

妹:我一定要和他结婚,我偏不听爸妈的,我就是要跟这两个嫌贫爱富的老封建作对,哥,你说吧,你站在哪一边?

哥:我说过会支持你的,你放心,你们结婚肯定需要钱,我先给你们一些,其他的我们以后再慢慢商量着办,你觉得怎么样?

面对妹妹反抗父母干涉恋爱自由的行为,哥哥先表达出支持的意思,以消除妹妹可能的敌意,取得两人意见的一致,然后再提出以后的事情慢慢商量了再办,以防止妹妹在一时冲动的情况下做出错误的决定。

4.同情次准则

减少反感,增进谅解,加深情谊。例如:

甲:我对明天的考试完全没有信心。

乙:真是挺难为你的,毕竟你才学了半年,就要求你参加考试,不过像你这么聪明又努力的学生,一定能过!

又如:

甲:刚丢了钱,又丢了工作,今天可真倒霉!

乙:过去的就算了,快别想了,明天一切都会好的。

以上两例,对于甲的担心和遭遇,乙的安慰既表现出礼貌,又能拉近两人之间的距离。

5.宽宏次准则

得理让人,给别人留面子。例如:

管理员给公园里的花草浇水的时候,不小心溅到了路人的身上。管理员连忙说:“实在不好意思,我没看到你走过来,太抱歉了。”路人:“没关系,天气这么热,我就当是洗了个脸。”

以上例子中,对于管理员的道歉,路人的回答既表现出自己的宽宏大量,又显得非常幽默。又如:

甲乙两人合作一个实验,因为甲的失误,实验失败了,甲说:“都是因为我,实验才没能成功,真不知道该怎么补偿你才好。”乙回答:“做实验难免会遇到失败,我这也是在积累经验啊。”

以上例子中,针对甲的歉意,乙的回答照顾到了甲的情绪,显示出他的礼貌和大度。

6.恰当的称呼次准则

称呼语代表了人与人之间的社会关系。视尊卑、长幼、亲疏的不同,在交际中对听话人使用恰当的称呼也是一种礼貌。例如:

投稿的作者和责任编辑之间就作品进行交流,作者说:"先生审阅了拙作,不知有何高见?"编辑回答:"拜读了大作,深受启发,有两点愚见,请足下斟酌,不知当否?"

在这个例子中,作者和编辑之间是工作关系,讨论的是工作上的问题,所以在互相称呼的时候就显得比较正式。"先生"和"足下"属于汉语中常见的尊称,这种称呼方式充分表现出两人之间互相的礼貌和尊重。又如:

顾客在网上购物的时候,就某件商品的情况向客服人员询问,在得到满意的答复之后,顾客说:"谢谢店家。"客服人员回应:"亲,你太客气了。"

在这个例子中,顾客称呼客服人员为"店家",在表示尊重的同时也显示出了一种随意的亲切。而客服人员称呼顾客为"亲"则表现出了一种熟稔和亲近,让顾客觉得互相之间像朋友一样,很好地拉近了双方的距离。

（二）幽默准则

在言语交际中,幽默是一种引人发笑的语言艺术。它外谐内庄,以"奇""巧""谐"取胜,引人发笑却不庸俗轻浮,言语含蓄又蕴含哲理,充分展现了说话人的思想、学识、经验、智慧和风采。

幽默的主要特征有:

第一,不协调性。这是幽默首要的、不可或缺的特性。指的是合乎常规的内容采取了超常规的形式或者合乎常规的形式负荷了超常规的内容,引起心理能量骤然释放而发笑。

第二,情趣性。指的是诙谐美妙的情趣,充满着轻松、愉快、戏谑和嘲弄,永远伴随着"笑"的浓烈情趣。

第三,适切性。指的是幽默必须切合语境,同时关注听话人的身份地位以及交际的场合。

需要指出的是,我们不是在泛泛地讨论幽默,而是在言语交际中的得体原则之下把幽默作为一个准则来讨论。幽默准则包含六条次准则。

1.岔断次准则

其特点是:话语语义的逻辑发展突然中断,结局在意料之外又在情理之中,给人造成一种顿悟式的笑。例如:

①认识你使我相信,这一切都是命运的安排,是上天让我们生活在一起,此时此刻,我只想说:你能不能不要光吃饭不抓老鼠啊?

②从我第一天见到你,我就对自己说:你是我今生的追求目标,我要紧跟你的脚步,我要时时刻刻跟你在一起,我爱你——人民币!

以上两例,说话人在信息的传递中通过一系列的情绪铺垫暗示出对听话人的深情,仿佛在向爱人表达爱慕和依恋。但在结尾,说话人却突然道破天机,原来他倾诉的对象是猫和人民币,这就使听话人在经历了巨大的心理落差之后,不由地哑然失笑。

2.倒置次准则

其特点是:在话语中,先肯定一个内容,随之在跟前面相近似的言语形式中"装入"新的内容,变成对前面肯定内容的否定或对立,造成语义逻辑发展方向的颠倒,从而产生幽默。例如:

　　金融界有一句话叫"你不理财,财不理你",这句话其实不够精确,因为你理财了财也不一定会理你,所以像我这样完全没财的人,当然不会去理财了。

　　这个例子中,先肯定地提出"你不理财,财不理你",随后又以一句"你理财了财也不一定会理你"来否定前一句话的准确性,造成了前后语义逻辑的颠倒,这种颠倒告诉我们:理财的前提是必须有财,而没财的人就不需要操心这些了。又如:

　　甲:我们是不是应该互相帮助?

　　乙:是这个道理。

　　甲:那我帮你背行李,你来背我吧!

　　这个例子中,甲先肯定了人与人之间应该互助这个逻辑,接着在说明"我帮你背行李"之后,提出"你来背我"这个看似合理实际不合理的要求,造成了一种幽默的效果。

　　3.转移次准则

　　其特点是:在话语中,词语的言语意义转移,违拗了其言语意义,造成了主体言语经验、审美观念与现实话语的矛盾冲突,从而产生幽默。转移分为:基本意义转移,如反语、飞白;附加意义转移,如易色、降用。例如:

　　也有解散辫子,盘得平的,除下帽来,油光可鉴,宛如小姑娘的发髻一般,还要将脖子扭几扭,实在标致极了。

(鲁迅《藤野先生》)

　　上例的修辞手法为反语。所谓反语,就是故意使用与本来意思相反的词语或句子来表达本意,也叫"倒反"或"反话"。鲁迅先生很反感留学生留着清朝过时的发型,所以故意将他们的发式比作小姑娘的发式,以此来表达挖苦讽刺之意。又如:

（宝玉黛玉）二人正说着，只见湘云走来笑道："爱哥哥，林姐姐，你们天天一处玩，我好容易来了，也不理我一理儿！"黛玉笑道："偏是咬舌子爱说话，连个二哥哥也叫不上来，只是爱哥哥，爱哥哥的。回来赶围棋儿，又该你闹幺爱三了。"

（《红楼梦》第二十回）

上例的修辞手法为飞白。所谓飞白，就是明知其错而故意仿效。黛玉知道湘云是个大舌头，把"二哥哥"叫成"爱哥哥"，她为了取笑湘云，故意学湘云说话，把"幺二三"说成"幺爱三"，从而引人发笑。又如：

总之，活人替代了古董，我敢说，也可以算得显出一点进步了。

（鲁迅《拿来主义》）

上例的修辞手法为易色。所谓易色，就是为了表达的需要临时变异词语的色彩，包括变异词语的感情色彩、时代色彩或语体色彩。"进步"原本是褒义词，但在这里，明显是形褒实贬，讽刺了所谓的"送去主义"，从而告诫国人正视自己的落后。又如：

酒店里的人大笑了。阿Q看见自己的勋业得到了赏识，便愈加兴高采烈起来："和尚动得，我就动不得？"他扭住伊的面颊。

（鲁迅《阿Q正传》）

上例的修辞手法为降用。所谓降用，就是把通常只在大场合、大事件中使用的词语用于跟它极不相称的小场合、小事件中，从而使词语和语境之间形成强烈的不和谐。"勋业"本来指的是功勋和事业，都是不寻常的事业，在这里却用来指阿Q对尼姑动手动脚的行为，颇有讽刺意味。

4.干涉次准则

其特点是：话语的组合违背了语言系统对话语组合的规定性，

现实组合的一个词语所包含的两种意义之间的冲突,或者两个及两个以上词语之间的矛盾,造成了语言审美经验和现实话语之间的干涉,并进一步在新的层次和语言信息解码原则上统一起来,从而产生出幽默。例如:

上联:情已欠费,爱已停机,缘分不在服务区。

下联:思无应答,想也占线,感情不能再充电。

横批:爱若移动,心无联通。

这个例子使用了双关的修辞手法,还在横批中借用了两个电信公司之名,委婉而幽默地表达了对两个人感情现状的看法。又如:

如果我是狐狸你是猎人,你会追我吗?

如果我是汽车你是司机,你会驾我吗?

如果我是存折你是钱,我一定会取你的!

这个例子中,"追""驾""取"的双关含义分别是"追求"的"追"、"嫁娶"的"嫁"和"娶",含蓄幽默地表达了对女友心意的试探以及追求的执着。

5.降格次准则

其特点是:利用言语形式在心理上降低幽默对象的等级,通过由雅变俗而产生幽默。例如:

那天我在超市看见你了,你悄悄把手放到条码扫描器上,屏幕显示:猪蹄20元,你以为机器坏了,赶紧把脸也凑过去,结果屏幕显示:猪头肉10元。

这个例子中,说话人利用听话人的好奇心,在虚拟的情节中引导听话人去探求真相,结果直到最后听话人明白自己被比喻成了猪以后才发现上当了。又如:

祝你在新的一年里,事业正当午,身体壮如虎,金钱不胜数,干活不辛苦,浪漫似月兔,快乐如蝶舞。

这段话,使用了一连串比喻,把听话人比作健壮的老虎、浪漫的月兔和快乐的蝴蝶,在祝福的同时又带着善意的调侃,使人在接受祝愿的同时也能感受到幽默的气息。

6.升格次准则

其特点是:说话人故意显示自己学识渊博、风趣机智的良好形象,赢得听话人的好感,并使对方分享自己的愉悦,从而形成幽默。例如:

甲:为什么鱼只能生活在水里?

乙:因为陆地上有猫啊。

乙的回答是在故意显示自己的渊博学识,他用似是而非的说法去歪解甲的问题,而他的回答看似有理实际非常荒谬,从而引人发笑。又如:

男:你知道为什么上帝先创造男人再创造女人吗?

女:因为上帝在完成一幅完美作品之前必须打个草稿。

面对男方有目的的问题,女方故意不做正面回答,而是从新的思维角度,提供了一个合乎情理又不落俗套的答案,完美避开了男方设置的陷阱,显示了她的机智和幽默。

(三)克制准则

在言语交际中,说话人由于种种原因(如不便直言或不愿直言或不能直言等)不直言不讳地训斥他人,而采取克制的方式表达对他人的不满或责备,以达到最佳表达效果。克制,语境不同,程度上也有差异。

1.讽刺挖苦

指的是用比喻、夸张等手法对人或事进行揭露、批评或嘲笑。例如：

唐小姐道："表姐书里讲的诗人是十八根脱下的头发,将来曹先生就像一毛不拔的守财奴的那根毛。"

（钱锺书《围城》）

唐晓芙以开玩笑的口吻,在众人面前打趣曹元朗,把曹元朗与表姐苏文纨书里讲的诗人是十八根脱下的头发联系在一起,说他是一毛不拔的守财奴的那根毛。曹元朗留学剑桥,可是并没有实际的学问,做的诗不仅毫无美感,简直令人作呕,因此唐晓芙对他并无好感,所以她通过这句玩笑话透露出对曹元朗的讽刺挖苦之意,表达了自己的厌恶之情。又如：

辛楣因为韩学愈没请自己,独吃了一客又冷又硬的包饭,这吃到的饭在胃里作酸,这没吃到的饭在心里作酸,说："国际贵宾回来了！饭吃得好呀？是中国菜还是西菜？洋太太招待得好不好？"

（钱锺书《围城》）

方鸿渐从韩学愈家吃饭回来,赵辛楣见到他就说："国际贵宾回来了！"接着又询问吃饭的细节,句句话都冒着酸气,表现出对方鸿渐的讽刺。他说"国际贵宾"是为了故意抬高方鸿渐所受的待遇,从而与自己所遭受的冷落形成对比,以此来表达心中的不满。

2.指桑骂槐

指的是,在实际听话人在场的情况下,说话人不直接与之对话,而是通过与现场其他角色对话并说出表面上与实际听话人完全无关却主要针对实际听话人的话语,间接地把自己的话语信息传递给实际听话人。例如：

农村老太太在家里喂鸡的时候,指着鸡骂:"你这没用的东西,光抱窝不下蛋!"

在上面这个例子中,老太太表面上是在骂家里不下蛋的鸡,实际上是在责怪旁边迟迟不为她生个孙子或是不能生育的儿媳。又如:

对了,是我逼他老人家,吃他老人家,喝他老人家,成天在他老人家家里吃闲饭,一住就是四年,还带着自己的姑爷。

（曹禺《北京人》）

这段话是曾思懿说的,她是曾府老太爷曾皓的长媳,她想把年迈多病的公公曾老太爷的上好寿木抵债从而赎回押给别人的房子,致使曾老太爷伤心落泪。曾老太爷的女儿文彩指责曾思懿把自己的父亲逼得无路可走。于是曾思懿来了个指桑卖槐,以"我"为桑、行"骂槐"之实,实际骂的是常年寄住在曾家的文彩和她的丈夫江泰,指出真正逼得曾家无路可走的正是他们夫妻俩。

3.说反话

指的是故意使用与本来意思相反的词语或句子来表达本意。例如:

有几个"慈祥"的老板到菜场去收集一些菜叶,用盐一浸,这就是他们难得的"佳肴"。

（夏衍《包身工》）

《包身工》讲述的是资本家对底层劳动人民的剥削和压榨,这里的"慈祥"实际是"凶恶","佳肴"实际是"猪食",这种使用正面语句去表达反面意思的方式,更加鲜明地体现了资本家的残酷无情和劳动者的恶劣处境。又如:

国民党当局对作家格外"优待",几乎每个作家都有个特务"保护"着。一来二去,作家就被"护送"到监狱或集中营去"享受"毒刑与杀戮。

(老舍《十年百花荣》)

这几句话运用了感情色彩鲜明的反语,加强了讽刺的力量,使得意义的表达更为显豁,体现了作者对国民党反动派的无比憎恶。

以上就是索振羽先生所提出的"得体原则"及其包含的三个准则。与"合作原则"及其相关准则适用于直截了当的言语交际不同,"得体原则"及其准则适用于拐弯抹角的言语交际。这样,"合作原则"就与"得体原则"结合起来,协调运作,从而保证人们的言语交际取得最佳交际效果。

五、关联理论

关联理论(Relevance Theory)由英国的威尔逊(Wilson)和法国的斯波伯(Sperber)于 1986 年在其专著《关联性:交际与认知》一书中首次提出。它是语用学中继格赖斯会话含义理论之后最新的、具有较大影响力的探索会话含义的理论,为语用学提供了新的研究热点。

(一)关联理论的内容

关联理论从认知的角度对明示推理交际做了系统的阐述,描述了人们对于每个话语的认知过程和话语本身与语境的关联性。在言语交际中,说话人不仅要表明他有某种信息要传递,还必须表明他所传递的信息之间是有关联的,因为人们总是会把注意力集中在对他来说有关联的信息上。所以我们说,交际的过程就暗示了交际当中传递的信息之间都是有关联的。例如:

甲:你热吗?

乙:还行。

甲:可我觉得有点热。

乙:那我把空调打开。

第一个回合的对话明显是有关联的,而第二个回合的对话看起来是没有关联的。但按照交际的一般规律,乙会认为甲的第二句话仍然与交际有关,所以乙会把甲说的"可我觉得有点热"理解为"你能把空调打开吗",于是回应了甲的这个请求。可见,第二回合的对话具有潜在的关联性。所以我们说,交际过程以关联为取向,人们具有关联的直觉。

1.明示——推理模式

关联理论认为,任何话语之间都是有关联的,话语的理解过程就是寻找并发现关联的过程。该理论认为,交际是一种"明示——推理"过程。"明示"和"推理"是交际的两个方面。

从说话人的角度来看,交际是一个"明示"行为,在这个明示行为背后存在着两种意图:信息意图和交际意图。信息意图指的是,说话人提供交际内容的意图。交际意图指的是,让听话人明白说话人有一个传递信息意图的意图。

从听话人的角度来看,交际是一个"推理"行为,即听话人结合说话人所提供的新信息和自己已知的旧信息对新信息进行推理,从而明白说话人的交际意图。例如:

甲:周末有时间一起去看电影吗?

乙:我们已经开始复习准备考试了。

在这个例子中,乙把自己开始复习准备考试的情况告诉甲,目的是为了让甲知道这个信息,这就是乙的信息意图。此外,乙还希望甲对自己的信息意图做出相应的推理,从而推导出以下信息:乙很忙,周末没有时间去看电影。这就是乙的交际意图。可见,信息意图是话语的字面意义,它与话语的明示有关,为听话人的推理提供直接证据;而交际意图是话语的另一层面的意义,与听话人在理解话语时的推理有关。成功的交际只需要获取说话人的交际意图就可以了,也就是说,当交际双方对说话人的交际意图做到"互明"时,交际才能顺利进行。又如:

甲:《红楼梦》写得真好。

乙:你还有空看小说啊?

在这个例子中,甲的信息意图是:他认为《红楼梦》写得很好,交际意图是:他希望跟乙就这个问题讨论一下,听听乙的看法。但乙的回答表明,他听到了这句话,接收到了甲传递的信息意图,但他对这个话题不了解或者不感兴趣,也就是说乙没有明白甲的交际意图。所以我们说,甲没有实现自己的交际意图,交际活动没有成功。

根据以上分析,我们可以看到,交际包括两个方面:说话人的明示行为和听话人的推理行为。说话人是信息源,听话人是信息目标。关联理论对交际的这种解释既考虑到了说话人,也顾及到了听话人,其交际观较之格赖斯的观点更全面、更有说服力。

2.最大关联与最佳关联

关联理论的一个重要内容就是:最大关联与最佳关联。

最大关联指的是,听话人在理解话语时,付出尽可能小的努力,去获取最大的语境效果。

最佳关联指的是,听话人在理解话语时,付出有效的努力,去获取足够的语境效果。

威尔逊和斯波伯提出两条关联原则：

第一原则——认知原则：人类认知倾向于同最大关联相吻合。如果各方面条件相同，根据语境 A 比根据语境 B 理解话语 P 更容易，则 A 与 P 的关联度比 B 与 P 的关联度更大。

第二原则——交际原则：每一个话语或明示的交际行为都应设想它本身具有最佳关联。如果话语 P 在语境 C 中可以产生最大的语境效应，而根据 C 又使 P 最容易被理解，那么 C 和 P 具有最佳关联。

关联原则的第一原则强调最大关联性，第二原则强调最佳关联性，二者共同作用，从而对交际活动产生导向作用。

（二）关联理论与格赖斯会话含义理论的差异

关联理论同格赖斯会话含义理论相比，具有显著差异，归纳如下：

1.格赖斯过于强调遵守合作原则中的各条准则。他把质准则看得尤其重要，他认为如果违反了质准则，按照西方的道德标准，这足以构成道德问题。但威尔逊和斯波伯却认为，关联才是交际中最重要、最基本的原则，交际是以关联为取向的。这不是因为说话人必须遵守这条原则，而是因为关联是认知的基础。

2.格赖斯过于强调违反合作原则的作用。他列举了一系列违反合作原则各条准则的情况，指出说话人故意或公开地违反某条准则或次则，是为了让听话人推导出其会话含义。威尔逊和斯波伯对此持反对意见，他们认为反语、比喻等现象是言语中的修辞性表达，属于随意交谈，与违反合作原则无关。

3.格赖斯过于强调交际中的会话含义，而忽视了话语的"明说"。但威尔逊和斯波伯对明说给予了同等关注。

4.格赖斯会话含义理论中对交际中的语境问题留下了一系列疑问。而关联理论认为,语境是推理过程的一个重要组成部分,听话人理解话语时的语境不是固定不变的,它也受到关联原则的统辖。

(三)关联理论的意义与不足

关联理论是一种交际理论,该理论认为交际是一种"明示—推理"过程,交际过程以关联为取向,人们具有关联的直觉。这一解释更符合普通的认知心理和人类认知的基本事实。同时,关联理论具有多元化的理论背景,它从语言哲学、认知心理学、交际学等多学科的角度对交际尤其是语言交际进行了解释,使其解释力更强,从而具有广泛的应用价值,推动了语用学向前发展,为认知语用学奠定了坚实基础。

当然,与其他交际理论一样,关联理论也存在着缺陷与不足。比如,威尔逊和斯波伯对关联原则并没有明确、固定的表述,而是不断变化、捉摸不定的。再比如,该理论将话语的关联性看成是一种必然,话语理解的结果是由认知主体在特定的交际过程中根据语境变项选择和确定的。然后,理论却没有对这一结果的必然性和或然性做出清楚的解释。可见,关联理论是不完备的,需要进一步的补充与发展。

【思考练习五】

一、名词解释

1.得体原则　　2.关联理论　　3.会话含义　　4.合作原则

二、简答

1.为什么要研究会话含义?

2.举例说明"会话含义"是如何推导的?

3.举例说明"会话含义"的特点。

4.列文森三原则的内容是什么? 如何进行推导?

5.什么是礼貌原则? 它有哪些特点?

6.顾曰国的礼貌准则的内容是什么?

7.言语交际中,如何才能显得礼貌得体?

三、分析下列各例分别违反了合作原则的哪一条准则

1.甲:他一小时可以写五千个汉字。

　　乙:对,而且是闭着眼睛。

2.甲:我觉得你今天表现得很不好。

　　乙:我累了。

3.甲:你对这个事情有什么看法?

　　乙:我没有仔细考虑过,不敢发表意见。

4.甲:你需要什么? 我可以帮你。

　　乙:我什么都不需要,只需要 m—o—n—e—y。

四、分析下列各例的会话含义

1.甲:那个人可真难看。

　　乙:今天天气真好,适合做运动。

2.女儿:妈妈,这是我新买的比基尼泳衣,你觉得怎么样?

　　妈妈:当年如果我穿上这件泳衣的话,你应该会比现在大几岁。

3.女士:警官,请问医院怎么走?

　　警官:你就在这里站着,很快就会知道去医院怎么走了。

4.儿子:妈妈,我下楼去踢球了。

　　妈妈:作业写完没有?

5.老师:你怎么上课迟到了?

　学生:我朋友突然病了。

【拓展延伸】

期刊

[1]周利娟,郭涛.再谈合作原则、礼貌原则及关联原则[J].外语学刊,2000(1).

[2]王雅刚.布朗与列文森礼貌理论研究述评[J].长沙大学学报,2005(1).

[3]潘熙.浅谈利奇的"礼貌原则"[J].剑南文学(经典教苑),2011(4).

[4]王娴贤.Leech礼貌原则的适用性[J].河北理工大学学报(社科版),2010(5).

[5]卢敏.汉语礼貌原则探析[J].学术界,2007(3).

[6]顾曰国.礼貌、语用与文化[J].外语教学与研究,1992(4).

[7]梁煜.浅析幽默准则在手机短信中的应用[J].鸡西大学学报,2012(11).

专著

[1]索振羽.语用学教程[M].北京:北京大学出版社,2000.

[2]何自然,冉永平.语用学概论(修订本)[M].长沙:湖南教育出版社,2006.

[3]黄伯荣,廖旭东.现代汉语[M].北京:高等教育出版社,2011.

[4]罗国莹,刘丽静,林春波.语用学研究与运用[M].北京:中国书籍出版社,2013.

[5]姚晓东.经典格赖斯语用学研究:一个整体视角[M].北京:北京大学出版社,2014.

第六章

预设

前提，又叫做"预设"，是现代语言哲学、逻辑学、语义学、语用学等学科中所共同使用的一个术语。

——王希杰《修辞学通论》

【章目要览】

预设也叫前提、先设,指的是言语交际双方都已经知道的常识,或者是听到对方的话语之后根据交际语境可以推理出来的信息。预设分为语义预设和语用预设。20世纪六七十年代以来,预设在语义学和语用学中已经被多次讨论。近年来,越来越多的学者认为,语用预设是语用学研究的主要内容之一,是一种推理关系,它不仅涉及语言结构,还与语境密切相关,对话语意义的恰当表达和准确理解是大有裨益的。

【相关知识】

学习本章之前,需要了解语用学的内容和性质、语境的重要意义以及语用学相关理论。

【情景案例】

某著名马戏团有一个重要的节目:驯狮表演。一位年轻的女驯狮员,手拿指挥棒,让狮子做出各种高难度动作。节目高潮时,女驯狮员把脑袋伸进了狮子的嘴里。为了活跃气氛,马戏团经理大声地问:"有哪位观众敢上来试一试?"这时,一位男士应声答道:"我敢。"大家的目光一下集中到了他的身上。然后,他接着说:"不过我要演狮子。"

在这个故事中,马戏团经理询问哪位观众敢上台表演。很明显,他的预设信息是:观众像女驯狮员一样和狮子共同表演。但因为他在"试一试"前面省略了"和狮子一起",从而给了那位男士以可乘之机,他故意曲解了马戏团经理的预设,从而造成了幽默的效果。

【重点提示】

预设和蕴涵的区别;语用预设的相关内容;预设在言语交际中的价值。

一、预设的提出

预设又叫前提、先设,原先是一个哲学和逻辑学的课题,最初由德国数学家、逻辑学家和哲学家弗雷格(Frege)于1892年提出。20世纪50年代,英国语言学家斯特劳森(Strawson)提出了新的预设理论,他指出,自然语句中任何有意义的语句都能推导出一

弗雷格

个预设,该预设可以表现为另一个语句。自此,预设进入了语言学的研究范围并成为语用学研究的焦点课题。20世纪70年代,斯托纳克尔(Stalnaker)、基南(Keenan)等语言学家注意到,预设对语境有很强的依赖性,必须把预设与说话人和听话人联系起来,从而赋予预设动态的特征,这是预设研究的一大进步。到了20世纪80年代,菲尔莫尔(Fillmore)、佛孔尼尔(Fauconnier)、莱克夫(Lakoff)等学者将预设融入认知语义学的理论框架中。因此,预设日益接近语言的实际运用,却偏离了逻辑语义学对其的分析,人们注意到语言使用和理解中的语用预设,这样,预设就分成了语义预设和语用预设。

20 世纪六七十年代以来,预设在语义学和语用学中已经被多次讨论,争论的焦点在于:预设是否可以被定义为一种可知的信息;预设是词语、句子、话语或者命题本身的问题,还是人们所进行的一种预先设定;预设是语义问题、语用问题还是别的问题。近年来,越来越多的学者认为,语用预设是语用学研究的主要内容之一,语用预设是一种推理关系,它不仅涉及语言结构,还与语境密切相关,对话语理解中的语用推理起着重要作用。

二、预设的定义及类别

(一)预设的定义

预设的定义,有广义和狭义之分。广义的预设,指的是交际双方预先设定的信息,即说话和写作时假定对方已知的信息。狭义的预设,指的是在句中体现出或暗含着的某些客观事态和情况。进一步说,预设就是使用一个句子的先决条件,也是一种推理。例如:

甲:你怎么迟到了?

乙:我的摩托车坏了。

乙的这句话有如下预设:第一,存在一种车叫摩托车。第二,乙有摩托车。如果没有这两个先决条件,乙就不会对甲说出这句话,也就不能使这句话成为乙解释自己迟到的理由,甲也就无从推导出它的含义。又如:

杯子里的绿茶真好喝。

要使这句话能够成立,必须有如下预设:第一,至少有一个杯子。第二,存在一种茶叫绿茶。第三,杯子里有绿茶。第四,说话

人喝过杯子里的茶。否则,这句话的会话含义(即向听话人发出提醒或劝告的行为)就无法表达和推导出来。又如:

小李的哥哥昨天又买了一个手机。

要使这句话成立,必须有如下预设:第一,存在小李这个人。第二,小李有哥哥。第三,小李的哥哥有能力买手机。第四,小李的哥哥以前买过手机。否则,这句话的会话含义(即向听话人发出提醒或劝告的行为)就无法表达和推导出来。

从以上例子可以看到,预设就是一个句子能够成立的前提,如果预设不成立,那么句子也就不成立。生活中这样的例子还能举出很多。例如:

①有人开了房间里的灯。

预设:A.房间里有灯。

　　　B.房间里的灯原本是关着的。

②小王的朋友曾经去过国外。

预设:A.存在小王这个人。

　　　B.小王至少有一个朋友。

　　　C.小王的朋友现在生活在国内。

③英国女王又要来访问。

预设:A.英国有女王。

　　　B.女王曾经来访问。

④小张的电脑修好了。

预设:A.存在小张这个人。

　　　B.小张至少有一台电脑。

　　　C.小张的电脑曾经坏过。

⑤他今天没有再迟到了。

预设:他曾经至少迟到过一次。

（二）预设的类别

预设从内容的角度可以分为两种。

1.存在性预设：指的是客观存在的人、事或物。

2.事态性预设：指的是客观存在的人、事或物的情况和状态。举例如下：

桌上的鱼香肉丝很咸。

预设：A.存在桌子。

　　　B.有一种菜叫鱼香肉丝。

　　　C.桌上至少有一盘菜。

　　　D.说话人吃过了。

以上预设中，A、B、C 为存在性预设，D 为事态性预设。

三、预设和蕴涵

"预设"作为一种语义关系，与另一种至关重要的语义关系"蕴涵"之间具有显著区别。

（一）什么是蕴涵

蕴涵指的是两个句子 S1 和 S2 之间存在这样一种逻辑关系：

S2 的真取决于 S1 的真，即 S1 真，S2 真；

S1 的假取决于 S2 的假，即 S2 假，S1 假。

则我们说，S1 蕴涵 S2。例如：

S1：那个人是一个单身汉。

S2：那个人是个男人。

S1 蕴涵 S2，两者的关系如下：

如果 S1 真,那么 S2 必真。

如果 S1 假,那么 S2 可真(那个人是已婚男人)可假(那个人是女人)。

如果 S2 真,那么 S1 可真(那个人未婚)可假(那个人已婚)。

如果 S2 假,那么 S1 必假。

(二)预设和蕴涵的区别

1.预设和蕴涵都是涉及两个陈述之间的关系,但具体关系不同

(1)S1 蕴涵 S2,两者的关系见上文。

(2)S1 的预设是 S2。例如:

S1:法国国王是秃顶。

S2:存在一位法国国王。

两者的关系如下:

如果 S1 真,那么 S2 必真。

如果 S1 假,那么 S2 必真。

如果 S2 真,那么 S1 可真(法国国王是秃顶)可假(法国国王不是秃顶)。

如果 S2 假,那么 S1 无所谓真假,即这个句子不成立。

上面分别讨论了预设和蕴涵,二者具有明显区别。它们之间的差异可以用下表来表示:

预设　　　　　　　　　　蕴　涵

S1　S2　　　　　　　　　S1　S2

T→T　　　　　　　　　　T→T

F→T　　　　　　　　　　F→T∨F

T∨F←T　　　　　　　　 T∨F←T

N←F　　　　　　　　　　F←F

上表中,T 表示真,F 表示假,→表示"如果……那么",∨表示相容(二者都可以),N 表示句子不成立。

2.否定测试法

以上的对照表全面展示了预设和蕴涵的区别,语言学家据此提出了一种更为简便的区别二者的方法,即"否定检测法"。也就是说,把句子否定后,仍然为真的推断是预设,而未必真(可真可假)的推断是蕴涵。例如:

A.他设法及时刹住了车。

从 A 我们可以推导得出:

B.他及时刹住了车。

C.他试图及时刹住车。

现在取 A 的否定式:

D.他未能及时刹住车。

根据 A,可以推导出 C;根据 D,也可以推导出 C,可见 C 是 A 和 D 共同的预设。

根据 A,可以推导出 B;根据 D,却不能推导出 B,可见 A 蕴涵 B,D 不蕴涵 B。

所以,我们可以得出结论:A 否定为 D 之后,预设没变,蕴涵变了。也就是说,否定没有触动预设,但改变了蕴涵。

四、语义预设和语用预设

一些学者认为,自然语言有两类不同性质的预设:语义预设和语用预设。

（一）语义预设

语义预设指的是以实际的语言结构意义为依据,依靠逻辑、语义等推断出的话语的先决条件。

1.语义预设取决于人们普遍接受的逻辑规律。

语义预设建立在事实基础之上。例如:

①他走进重庆的人民大礼堂。

预设:重庆有一个人民大礼堂。

②张老师叫我把教室的门关上。

预设:教室的门是开着的。

③北碚的轻轨站完工了。

预设:北碚至少有一个轻轨站。

2.语义预设不能为假

如果语句的预设为假,那么语句就不能成立。

仍以前面的三句话为例,如果:

①重庆没有人民大礼堂。

②教室的门是关着的。

③北碚没有轻轨站。

那么,原先的三句话就不构成陈述。

3.对语句加以否定或提出疑问时,语义预设仍然为真

对语句的否定和疑问都不影响语义预设的真假。例如:

①他今天迟到了。

预设:他曾经迟到。

②他今天没有再迟到了。

预设:他曾经迟到。

③他今天又迟到了吗?

预设：他曾经迟到。

可见，当陈述句的肯定形式变为否定形式和疑问形式时，其预设始终不变。

4.预设触发语

语义预设与语句中的某些特定的词语相联系，会受其影响而"触发"，这些词语就是"预设触发语"。卡图南（Karttunen）在《预设现象》（Presuppositional Phenomenon）一文中收集了 31 种预设触发语。无论是哪种语言，都存在预设触发语。下面我们以汉语为例，介绍部分预设触发语。

（1）各类动词或动词短语

①含蓄动词

指的是动作或事件发生之前具有某种暗含意义的动词，这些表示暗含关系的动词就是预设触发语。比如"设法"暗含"曾经试图做某事"；"忘记"暗含"本应做某事"；"碰巧"暗含"原先没想到会做某事"；"回避"暗含"应该做某事"等等。例如：

A.我设法把门打开。

预设：我试图把门打开。

B.我忘记锁门了。

预设：我原本应该锁门。

C.我上街的时候碰巧遇见了老师。

预设：我没想到会遇见老师。

D.我回避了他的问题。

预设：我应该回答他的问题。

②叙实动词

表示已经发生的事情。比如"抱歉/遗憾""意识到/认识到"

"知道/获悉"等动词,以及"感到荣幸""感到高兴""感到抱歉""感到骄傲"等动词结构。我们可以根据它们去获取一定的预设关系。例如:

A.我对自己的错误表示遗憾。

预设:我犯了错误。

B.我意识到自己误会了她。

预设:我误会了她。

C.能为大家做事,我感到很荣幸。

预设:我为大家做了事。

D.我很高兴你们吃得这么开心。

预设:你们吃得很开心。

③状态变化动词

表示状态变化之前的情况。比如"停止""继续""开始""到达""离开""完成""来/来到""回到""进入"等。它们可以引导一定的预设关系。例如:

A.我继续做着我的工作。

预设:我一直在做我的工作。

B.我开始考虑给自己买辆车。

预设:我以前没有考虑过给自己买车。

C.我昨天就完成了全部工作。

预设:我昨天之前还没有完成全部工作。

D.我今天上午回到了学校。

预设:我今天上午之前不在学校。

④评价动词

表示主语对所谈论的事情的评论或评价。比如"批评""谴责"

"指控""责备"等。它们可以引导一定的预设关系。例如:

A.我批评学生学习不努力。

预设:学生学习不努力。

B.大家对他的偷盗行为进行了谴责。

预设:他有偷盗行为。

C.律师指控他侵犯了他人权益。

预设:他侵犯了他人权益。

D.他责备我对他不够细心。

预设:我对他不够细心。

(2)限定性结构或修饰性词语

比如"……的""再/又""唯一/仅有的""像……""尽管""相对
地"等。它们可以揭示一定的预设关系。例如:

①我的儿子很可爱。

预设:我有儿子。

②我又来到了这个城市。

预设:我曾经来过这个城市。

③学习是我唯一的目标。

预设:我有目标。

④尽管天气很冷,我们还是出发了。

预设:某个时候天气很冷。

(3)短语或分句

包括时间状语从句、比较短语或分句、非真实条件句、非限定
性从句、强调句、分裂句或疑问句等。它们可以揭示一定的预设关
系。例如:

①在我来之前,他们就帮我订好了旅馆。

预设:我来了。

②我比她先上学。

预设:她上了学。

③要是我没回家的话,就没人去取东西了。

预设:我回家了。

④做错事的人是我。

预设:有人做错事。

(二)语用预设

语用预设指的是,由说话的时间、地点、场合、说话人的文化修养、知识水平、说话的情态等言外语境推断出来的话语的先决条件。

1.语用预设的分类

王跃平在《浅谈语用预设的分类》[①]一文中,在总结了前人成果的基础上对语用预设给出了自己的分类系统。我们认为这个分类是较为科学和实用的。具体类别如下:

(1)真实语用预设和虚假语用预设

根据其是否与实际相符,语用预设可分为真实语用预设和虚假语用预设。

①真实语用预设

根据说话人相关信念的有无,真实语用预设又分为两类。

A.信念真实语用预设

信念真实语用预设指的是,自以为(或相信)真而设置为真,并

---

① 王跃平.浅谈语用预设的分类[J].中国矿业大学学报(社会科学版),2009(4).

且实际上确实为真的真实语用预设。例如：

甲：明天老地方见对吧？

乙：是的。

甲：要带那些东西吗？

乙：那是肯定啊。

甲的问题，建立在两个预设之上：乙知道见面地点，乙知道要带的东西是什么。这两个预设，甲自以为真而设置为真，从乙的回答来看，实际上也的确为真。

B.非信念真实语用预设

非信念真实语用预设指的是，自以为（或相信）假而设置为真，实际上确实为真的真实语用预设。例如：

甲：你知道去市中心怎么走吗？

乙：你不会买张地图自己看啊！

甲：那好吧，我现在就去买。

乙的回答建立在两个预设之上：甲愿意买地图，甲看得懂地图。乙原本以为自己的这两个预设应该是假的，所以他的回答实际含义就是拒绝告诉甲去市中心的路线。但没想到的是，甲的回答证明乙这两个预设是真的。

②虚假语用预设

根据说话人主观上是否故意，虚假语用预设又分为两类：

A.非故意虚假语用预设

非故意虚假语用预设，又叫无意虚假语用预设，指的是说话人自以为真而设置为真，但实际上为假的虚假语用预设。例如：

甲：最近有几款电脑游戏特别火，你玩了吗？

乙：电脑上还有游戏？

甲这个问题的预设是:乙对电脑游戏的相关知识比较了解。对此,甲自以为真而设置为真,但根据乙的回答来看,乙对电脑游戏一无所知,可见这是一个实际为假的语用预设。

B.故意虚假语用预设

故意虚假语用预设,又叫有意虚假语用预设,指的是说话人自以为假而设置为真,但实际上为假的虚假语用预设。例如:

甲、乙两人为朋友,都是单身,甲对乙有好感。

甲:今晚有空吗? 一起去看电影吧。

乙:我男朋友约我去逛街。

乙的回答想表达的含义是:乙不愿意跟甲发展恋爱关系。这句话的预设是:乙有男朋友。这是一个乙自知为假实际也为假的预设,但乙却故意设置为真。

(2)典型语用预设和非典型语用预设

根据其在认知过程中的地位不同,语用预设可分为典型语用预设和非典型语用预设。

①典型语用预设

典型语用预设指的是作为原型的语用预设,它是原型化范畴中最具有代表性的典型成员。例如:

甲:她会打字吗?

乙:她在打印店工作。

甲:那我把材料拿去请她帮忙打一下。

"她在打印店工作"是一个原型化范畴。就打字能力而言,分三类人:第一类,会打字并且打得快;第二类,会打字但打得慢;第三类,不会打字。一般来说,第一类最具有代表性,属于这个原型化范畴中的典型成员,而第二类和第三类属于非典型成员。在以上对话中,乙的回答"她在打印店工作"所包含的语用预设是:在打印店工作的人会打字并且打得快。这个预设就是典型语用预设,因为它反映的是第一类人的属性。

②非典型语用预设

非典型语用预设指的是作为原型结构的语用预设,它是原型化范畴中不具有代表性的非典型成员。例如:

甲:她会打字吗?

乙:她在打印店工作。

甲:那我把材料拿去请她帮忙打一下。

乙:我的意思是,现在打印店没几个人会打字。

这个对话中,乙的回答"她在打印店工作"包含的语用预设是:在打印店工作的人大多数不会打字。这个预设属于非典型预设,因为它反映的是上述第三类人的属性。

在实际言语交际中,人们常常面临典型语用预设和非典型语用预设的选择问题。一般而言,无论是说话人构建话语的语用预设还是听话人理解话语的语用预设,他们都会首先选择典型语用预设。因为认知科学告诉我们,人们对原型范畴的构建和理解都是从其典型成员开始的。

在上面的两例对话中,甲之所以提出"那我把材料拿去请她帮忙打一下",就是因为甲把乙所说的"她在打印店工作"的语用预设理解为"在打印店工作的人会打字并且打得快",而这个理解属于典型语用预设。

在第二例对话中,乙所说的"她在打印店工作"的语用预设却是"在打印店工作的人大多数不会打字",这个预设属于非典型预设。乙之所以选择这个理解作为预设,可能跟他的个人经历有关。

乙的个人经历促使乙在"她在打印店工作"这个范畴的范畴化过程中误把非典型成员当作典型成员了。也就是说,在乙的认知系统中,"不会打字"是在打印店工作的人的典型属性,而"会打字并且打得快"是非典型属性。

(3)命题内容条件语用预设、预备性条件语用预设和真诚性条件语用预设

语用预设就是通过一句话来有效地实施某一言外行为所必须满足的条件。根据话语"恰当性条件"的性质不同,可把语用预设分为命题内容条件语用预设、预备性条件语用预设和真诚性条件语用预设三类。

说话人相信自己的话语中包含一个可实施作用于某个特定言语行为的命题,这就是"命题内容条件语用预设"。说话人认为,他通过话语所实施的某个特定言语行为是合理的、必要的,于是他为这种合理性和必要性设置了一些理由,这些理由就是"预备性条件语用预设"。说话人相信自己在实施某个特点言语行为时所表现出来的心理状态是真诚的,这就是"真诚性条件语用预设"。例如:

甲对乙说:我答应嫁给你。

甲的话语中,命题内容条件语用预设是:甲认为自己的话中含有一个命题"甲嫁给乙"。预备性条件语用预设是:甲相信乙也是说汉语的,乙具有理解"我答应嫁给你"这句话的能力;甲相信乙愿意甲明确表示出未来嫁给乙的行为;甲相信乙愿意甲实施未来嫁给乙的行为;甲相信自己说出"我答应嫁给你"这句话时就承担了嫁给乙的责任;甲假定之前甲和乙之间就是否施行嫁娶行为没有达成一致看法。真诚性条件语用预设是:甲相信自己在实施允诺言语行为时所表现出来的心理状态是真诚的。

（4）确定性语用预设和不确定性语用预设

根据说话人对所构预设的确定情况不同,语用预设可分为确定性语用预设和不确定性语用预设。

对于预设命题 P 来说,P 的真假说话人是能够确定的,P 就是确定性语用预设,反之 P 就是不确定性语用预设。例如:

甲:谁能把门打开?

乙:小张有钥匙。

乙的回答有两个预设:甲知道门是锁着的,甲知道谁有钥匙谁就能开门。乙能够确定这两个预设是真的,所以它们是确定性语用预设。又如:

甲:桌上的糖果哪儿去了?

乙:刚刚有几个孩子来过,不过现在的孩子不一定喜欢吃糖。

乙的回答所包含的意义是:桌上的糖果可能是但不一定是那几个孩子吃掉的。其前半句的语用预设是:孩子都喜欢吃糖。而后半句又在质疑该预设,所以这个预设属于不确定性语用预设。

以上对语用预设的分类,是预设理论自身建设的需要。对语用预设做出多视角的分类,不仅有助于明确这一概念的外延,也有助于明确其内涵,还有助于深化对预设本质的认识。

2.语用预设会受到语句焦点的影响

在同一个句子中,语句焦点不同,预设就不同。例如:

小张娶了小丽。

这句话的预设是:双方都知道有人娶了小丽,但听话人不知道这个人是谁,于是说话人以"小张"作为语句焦点,告诉听话人"娶"这个动作的发出者到底是谁。又如:

小张娶了小丽。

这句话的预设是：双方都知道小张和小丽之间存在关系，但听话人不知道究竟是什么关系，于是说话人以"娶"作为语句焦点，告诉听话人两人之间的事。又如：

小张娶了<u>小丽</u>。

这句话的预设是：双方都知道小张娶了某人，但听话人不知道小张到底娶了谁，于是说话人以"小丽"作为语句焦点，告诉听话人小张的结婚对象。

3.语用预设的特征

语用预设具有两个特征：合适性、共知性。

(1)合适性

预设要与语境紧密结合，预设是言语行为的先决条件。言语交际中的任何话语都存在着一个前提条件，那就是该话语的语境是恰当的。只有相关语境条件得到满足之后，话语才能进入交际，其隐含意义才能被人们所理解。例如：

甲对乙说：请把门打开。

甲对乙提出了这样的"请求"，这个请求是否合适，是有一系列语用预设作为先决条件的：第一，有一扇双方都知道的门。第二，两人对话时门是关着的。第三，乙有开门的能力，甲也知道乙具备这样的能力。如果实际语境中并不具有上述三个条件，即没有这样一扇门；两人对话时门是关着的；乙没有开门的能力，那么甲对乙提出的这个请求就是不合适的。又如：

老师对学生说：大家明天把我布置的作业完成之后交上来。

老师对学生提出的这个要求是否合理，是建立在一系列先决条件之上的：第一，老师和学生都知道作业的内容是什么。第二，学生具备如期完成这项作业的能力，老师也知道学生具备这样的能力。如果实际语境中并不具备这两个条件,即学生不知道作业的内容是什么;学生不具备如期完成这项作业的能力,那么老师对学生提出的这个要求就是不合理的,不仅达不到自己的目的,还可能会招致学生的反感。

从以上两例可以看到,语用预设的合理性有助于我们在言语交际中正确地发出话语,并使听话人正确理解这个话语。而有时候,说话人发出的话语所包含的预设并不一定能得到听话人的理解,因为同一话语可能因为语境的不同而拥有不同的预设,所以预设是否合适的一个重要依据就是语境。例如:

她不打扫房间。

这句话在不同的语境下,可以拥有很多不同的语用预设。比如:很多人都打扫了房间,她却没有;她做了很多清洁工作,但没有打扫房间;她在房间里做了很多事,把房间弄得很乱,但她却没有打扫房间。也就是说,以上几个条件中,只要有任意一条成立,说话人就可以使用这句话;而听话人如果想要正确理解说话人的这句话,也必须获知这些先决的语言条件。

(2)共知性

语用预设必须是交际双方所共知的。从交际双方认知背景的角度看,预设是说话人自认为和听话人共知的背景知识。只有双方都理解这种知识,说话人才可能对听话人说出某句话、并认为听话人可以理解自己的意思。例如:

甲:你让她下班后来找我,我们争取把这件事定下来。

乙:好的,一定转达。

甲的这句话能够被乙理解的前提是:第一,甲和乙都知道"她"是谁。第二,甲和乙都知道下班后甲会待在哪里。第三,甲和乙都知道"这件事"是指的什么。否则,乙就不能明白甲的确切含义,交际也不能顺利进行。可见,语用预设应该与交际双方已知的知识和信息相适应,具备"共知性"的特点。

预设的共知性具备三种情况。

①预设是交际双方或者一般人所共知的信息,它与语境紧密结合。只要语境明确,预设就可以被双方共知,这样,说话人说出的话,听话人就可以根据语境和预设做出不同的反应。例如:

A.共知预设:快放学了

甲:下雨了。

乙:回不去了。

B.共知预设:打算出去旅游。

甲:下雨了。

乙:旅游计划泡汤了。

C.共知预设:很久没下雨了。

甲:下雨了。

乙:这下不怕太干燥了。

D.共知预设:连续阴雨天气。

甲:下雨了。

乙:衣服彻底干不了了。

②预设通过说话人的话语暗示出来,然后得到听话人的理解,从而做出反应。例如:

甲:你怎么才来?

乙:车抛锚了,实在对不起。

甲:这种事常有。

在这个对话中,甲根据乙的回答,获得了以下预设:乙有车,乙是开车来的。他在获知了这个非明示的预设之后,理解了乙的解释,所以才回答出"这种事常有",这里的"这种事"指的是"车抛锚的事"而不是"迟到的事"。

③预设的共知性有时只存在于说话双方之间,第三者如果不了解预设而只依靠语境,也不一定能够正确理解说话双方的谈话内容。例如:

甲:这次怎么样?

乙:还可以。

甲:没出什么问题吧?

乙:应该没有。

甲:什么时候出结果?

乙:一个月之后。

甲乙之间的对话,涉及一个共知预设,那就是他们谈论的到底是什么事情。在不了解这个预设的情况下,第三者即使同在这个谈话现场,也无法知道他们的谈论内容,当然也不可能参与进去。

4.语用预设应注意的问题

(1)双方已知的信息不必说出

说话人如果提供给对方的信息是双方共知的,不但说的内容毫无意义,还可能会产生负面印象。例如:

古代有一个县官,一天乘船去拜访新上任的州官。州官见了他,就问:"你的船停在什么地方?"县官回答:"停在河里。"

州官大怒,说道:"难道你还想把船停到州府衙门口不成?"县官回答:"带的随从太少,恐怕抬不动。"

在这个故事中,州官的问题有一个预设:船是一定停在河里的,所以州官问的是县官停船的具体地点。而县官的回答却正好是州官所预设的,等于没有回答。县官这种回答对于州官来说,明显是一种以下犯上的不礼貌行为,所以州官大怒说道"难道你还想把船停到州府衙门口不成",言下之意就是"你的船不停在河里,还能停在哪儿,你的回答简直是废话"。面对州官这样表面询问实际责骂的话,县官却回答"带的随从太少,恐怕抬不动",可想而知州官为什么会发怒了。

(2)交谈中不应以对方不知道的信息为预设

预设是说话人组织信息的策略,受说话人的意图、说话人对听话人关于所谈事物的熟悉程度的估计的影响。说话人对语言表达内容和表达方式的选择,建立在他对听话人所知信息的假设之上。如果这种假设是不成立的,那么交流就无法顺利进行。例如:

甲:你对"云养猫"怎么看?

乙:养猫跟云有什么关系?

在这个对话中,甲的预设是:"云养猫"这个词的意义是乙很清楚的,所以没有多做解释,而实际上乙并不了解这个词的具体所指,所以对话无法进行下去。又如:

甲:你觉得小罗和C罗谁的技术更好?

乙:你说谁?

在这个对话中,甲的预设是:乙熟悉足球运动,并知道小罗和C罗是非常著名的足球运动员,所以要求乙对两个人的专业技术做出比较,但实际上乙对足球方面的东西并不熟悉,所以无法回答这个问题。

以上对话中的情况在实际的言语交际中随处可见,很多时候不仅影响双方的正常交流,而且会给听话人带来不好的谈话感受。所以就要求谈话时说话人要合理预设对方的认知状态,对交际对象的职业经历、知识结构、文化背景等方面做出准确的判断,从而确保交流的顺利进行。

(3)设定预设之后,谈话应该围绕这个预设进行

交际双方在交谈时,前面话语的预设实际构成了一个语境,那么后面的话语就应该受这个语境的制约,否则容易使言语不严密,让人钻空子。例如:

某影视明星接受娱乐记者的访问。

记者:我能问你一个问题吗?

明星:可以,你问吧。

记者:你结婚了吗?

明星:这已经是第二个问题了,我可以选择不回答。

在这个对话中,记者的第一个问题实际确定了一个预设:问且只问一个问题,所以明星抓住了这个漏洞,回避了敏感的第二个问题。

(4)不应使用有歧义的预设

在没有明确指向的情况下,对于同一预设不同人可能有不同理解,从而产生歧义。例如:

在文学课上,老师问:"美国最著名的一个人是谁?"学生有的回答总统,有的回答某歌星某影星。

学生的回答之所以不一致,是因为老师的问题可以有多种预设,他可以指的是"美国文学史上最著名的一个人",也可以指的是"美国历史上最著名的一个人",正是因为他的预设没有明确限定,所以学生才出现了不同的理解。

五、预设在言语交际中的价值

（一）利用预设表达言外之意。 例如：

他对于她来说，又成为一个陌生人了。

这句话的预设是：他对她来说，曾经是一个陌生人，也曾经很亲近。至于具体细节，说话人并没有明说，但意蕴无穷，引人想象。又如：

三月二日如今又成了一个特殊的日子。

这句话的预设是：三月二日曾经特殊过，但也平凡过一段时间。至于为什么有这种变化，说话人却不想多说，给听话人留出了想象空间。

（二）利用预设进行反驳。 例如：

甲和乙在讨论某人姐姐结婚的事情。

①甲：他姐姐今天结婚。

乙：他姐姐明天才从国外回来。

这里，乙反驳的是甲关于"他姐姐有今天结婚的可能性"这个预设。

②甲：他姐姐今天结婚。

乙：他根本没有姐姐。

这里，乙反驳的是甲关于"他至少有一个姐姐"这个预设。

③甲：他姐姐今天结婚。

乙：他姐姐的孩子都两岁了。

这里，乙反驳的是甲关于"他姐姐在今天之前是未婚的"这个预设。又如：

超市门前的停车场。女孩从超市出来，正好看到有人在偷自己的自行车。

女孩：你干吗动我的自行车？

小偷：这明明是我的自行车。

女孩：大家来评评理，你说车是你的，那你说说看，这车的后轮胎补了几个洞？

小偷：一个或者两个，谁把这种事情记这么清楚啊。

女孩：哈，还说是你的车，我这车的后轮胎根本就没补过。

在这个故事中，女孩的聪明之处就在于，她故意设置了一个虚假预设：自行车的后轮胎是补过的。因为小偷不熟悉车的情况，所以轻易就上了当，于是女孩顺利讨回了公道。

（三）利用预设进行有技巧的交谈

把自己的话语建立在一个自己设计出来的并对自己有利的预设之上，使对方产生错觉，在不知不觉中接受这个预设，从而使对话朝着有利于自己的方向进行。例如：

一对男女刚认识，男方对女方很有好感，所以在分别时，男方问："我们明天在什么地方见面？"女方回答："那就还是在这里吧。"

在这个对话中，男方所提出的问题的预设是：两个人明天还会见面。女方不知不觉接受了这个预设，所以确定了再次见面的地点。我们设想一下，如果男方问：我们明天再见一次好吗，女方很有可能会拒绝。又如：

相邻的两家餐馆，在鸡蛋的销量上，第一家每天比第二家多出很多，第二家老板不明白，就去向第一家老板请教。第一家老板问："你是怎么询问顾客的？"第二家老板回答："我问'您要不要加个鸡蛋?'"第一家老板说:"我问的是'您是要加一个鸡蛋还是两个鸡蛋?'"

在这个故事中,很明显第一家老板更懂得营销策略,他的问题包含了一个预设:顾客至少要加一个鸡蛋。所以,大多数顾客会在"要一个鸡蛋"还是"要两个鸡蛋"之间选择。而第二家老板的问题却没有这个预设,所以顾客是在"要鸡蛋"还是"不要鸡蛋"之间选择,那么结果是显而易见的:第一家老板可以卖出更多的鸡蛋。又如:

有一个关于应聘的小故事。

有一位旅店老板对甲、乙、丙三位男性应聘者进行面试。

老板:假如你无意中推开一间客房的房门,发现一位女客人一丝不挂在沐浴,而她也看见你了,这时你该怎么办?

甲说:我会说声"对不起",然后关门退出来。

乙说:我会说声"对不起,小姐",然后关门退出来。

丙说:我会说声"对不起,先生",然后关门退出来。

结果,丙被录取了。

在这个故事中,有甲、乙、丙三位应聘者,丙之所以会脱颖而出被录取,是因为他的回答设置了一个预设:自己并没有看清对方是男是女。这样就避免了这个场景中可能产生的尴尬和不愉快,体现出他独特的交际技巧,也使他得以应聘成功。

【思考练习六】

一、根据一句话推导出的两句话，哪一句是预设，哪一句是蕴涵。

1.我出门的时候把钥匙忘在家里了。

(1)我出门的时候没带钥匙。

(2)我出门了。

2.老师感冒了。

(1)存在一个老师。

(2)老师生病了。

3.我知道语用学中预设和蕴涵的区别。

(1)我知道一些语用学知识。

(2)语用学中有预设和蕴涵。

(3)我知道一些东西。

(4)语用学中预设和蕴涵有区别。

二、请指出下列广告语的预设。

1.有汰渍,没污渍。(洗衣粉广告)

2.时速一百时您能听到的最大响声是来自钟表的嘀嗒声。(汽车广告)

3.妈妈的爱(童装广告)

4.穿得起的时尚。(ZARA 服装广告)

5.睡觉的时候,我只穿香奈儿五号。(香奈儿香水广告)

三、从预设的角度分析下列幽默故事的幽默来源。

1.斗牛士的报复

　　西班牙马德里,一场斗牛赛刚刚结束。在比赛中,一位著名的斗牛士受了重伤,他刚被抬进医院不久,却见他全身裹满绷带走了出来。他向聚集在医院门口的崇拜者说:"我一定要报仇!"然后,他沿街往前走,人们紧跟着他,只见他走进一家餐馆,坐下来对侍者说:"给我上两份烤牛肉,越焦越好!"

2.减肥

两男人相遇。

甲:听说你太太最近在减肥?

乙:她参加了马术俱乐部。

甲:效果如何?

乙:马瘦了20斤。

3.抽象派学生

一位醉心于抽象派绘画的艺术学院学生,在画展上花了一个小时选画,终于对一幅白底黑点镶铜边框的画作非常满意,他问:"这幅画要多少钱?"画展工作人员回答:"这是电灯开关。"

4.勤奋的学生

小李是一位勤奋好学的学生,他利用假期兼职赚取学费。白天帮肉贩卖肉,晚上到医院工作。有一天晚上,一个老太太因为急诊需要实施手术,由小李把她推进手术室,老太太一看见他,就吓得大叫:"天哪,你是那个杀猪卖肉的,你要推我去哪儿?"

5.宽恕之前

宗教课上,女老师在给学生讲述《圣经》故事。讲完后,她对前排的汤姆说:"你能告诉我,在获得上帝的宽恕前,我们应该做什么?"汤姆回答:"我们首先应该犯罪。"

四、分析下列脑筋急转弯中体现的预设

1.世界上语言的种类很多,比如中国话、日本话、法国话,那么什么话是全世界通用的呢?(答案:电话)

2.什么人生病从来不看医生?(答案:盲人)

3.谁最喜欢添油加醋?(答案:厨师)

4.冬瓜、南瓜、西瓜都能吃,什么瓜不能吃?(答案:傻瓜)

5.太平洋的中间是什么?(答案:平)

6.一个人走独木桥,前面是虎,后面是熊,他是怎么过去的?(答案:晕过去)

7.什么车寸步难行?(答案:风车)

8.什么书买不到?(答案:遗书)

【拓展延伸】

期刊

[1]程树铭.试论预设及其相关问题[J].江苏技术师范学院学报,2011(12).

[2]王跃平.浅谈语用预设的分类[J].中国矿业大学学报(社科版),2009(4).

[3]丁爱群.预设的触发语研究[J].长治学院学报,2006(6).

[4]郭竞.浅析服装广告语中的语用预设[J].萍乡高等专科学校学报,2009(4).

[5]阚明刚,柳谦.几则幽默笑话中的预设浅析[J].安徽文学,2008(2).

[6]陈福明.广告语篇的文化内预设和跨文化预设[J].沈阳师范大学学报(社科版),2007(3).

专著

[1]索振羽.语用学教程[M].北京:北京大学出版社,2000.

[2]何自然,冉永平.语用学概论(修订本)[M].长沙:湖南教育出版社,2006.

[3]罗国莹,刘丽静,林春波.语用学研究与运用[M].北京:中国书籍出版社,2013.

[4]贡贵训,于皓.生活中的语言学[M].芜湖:安徽师范大学出版社,2015.

[5]徐默凡,刘大为.汉语语用趣说[M].广州:暨南大学出版社,2011.

后记

从 20 世纪 90 年代中后期语用学这门学科在我国兴起并迅速成为热门学科以来,它至今已经走过 20 多年的历程。今天语用学已经成为国内应用语言学专业的必修主打学科。本校开设此课程时间并不长,但师生都觉得这门课程有趣且重要。究其原因,在当今这个极其重视个人形象的时代,良好的口头表达能力、高超的语用水平是最能提升个人形象、展示自我才能的重要条件。语用学与人际交往密切相关,可以直接指导言语交际,其重要性毋庸置疑。基于学校大力抓教学改革和应用转型的情势,文学与新闻传播学院为了积极配合教育改革,配合应用性教学理念,特整编此套系列教材。几位同仁在繁忙的教学之余,认真编写了这本教材(任崇芬:第一章语用学概述、第二章语境和意义;苗春华:第三章指示、第四章言语行为;王淑怡:第五章语用原则、第六章预设)。我们的编写主旨是:课程的理论、方法应当属于当前学界的主流思想;编写的原则是应尽可能通俗有趣;注重语用理论的认知解释、注重话语分析的简明扼要以及注重语例的新鲜独特,以充分凸现本教材在转型中的"实用"特点。

尽管我们已很认真努力,但由于我们的水平有限,书中定有不当或谬误之处,衷心欢迎专家学者和广大读者批评指正。

编者

2018 年 1 月 6 日